清史稿

趙爾巽等撰

第一八册

卷一六三至卷一六七（表）

中華書局

清史稿卷二百六十三

表三

皇子世表三

太宗系

豪格太宗第一子。初封貝勒。天聰六年，晉和碩貝勒。	國泰豪格第二子。順治十年，封輔國將軍。康熙三年，

崇德元年，以功晉肅親王。尋緣事降貝勒。二年，復封肅親王。六年，降郡王。七年，以功復封肅親王。順治元年，緣事削爵。			
緣事革退。	握赫納 豪格第三子。順治十年，封輔國將軍。康熙元年，卒。		富綬 豪格第四子。順
	武禮 握赫納第一子。康熙元年，襲三等奉國將軍。五十一年，緣事革退。		丹臻 富綬第四子。康
	國訥 武禮子。封奉國將軍。緣事革退。		成信 丹臻第二子。康
	松健 圖訥子。封奉恩將軍。	額爾德蒙額 圖訥子。封奉恩將軍。	永儉 成信第二子。乾
			春詔 永儉第三子。乾

尋復封肅親王。五年，革爵幽禁自盡。七年，以無辜被害，追封肅親王。十三年，追謚曰武。乾隆四十三年，以佐命殊功配	
治八年，襲親王。改號曰顯。康熙八年，薨。謚曰懿。	
熙九年，襲顯親王。四十一年，薨。謚曰密。	
熙四十七年，封三等奉國將軍。乾隆二十三年，卒。四十三年，追封肅親王。	
隆十七年，封奉恩將軍。二十八年，卒。	永錫 成信第五子。乾隆四十三年，襲
隆二十二年，封奉恩將軍。四十七年，卒。	敬敏 永錫第一子。乾隆六十年，封不
	華連 敬敏第一子。嘉慶十七年，封三

享太廟。

肅親王。道光元年，薨。諡曰恭。

入八分輔國公。道光元年，襲肅親王。咸豐二年，薨。諡曰慎。

等輔國將軍。道光九年，卒。無嗣。

華豐 敬敏第三子。道光四年，封三等鎮國將軍。九年，封不入八分輔國公。咸豐三年，

隆懃 華豐第三子。同治元年，封二等鎮國將軍。九年，襲肅親王。光緒二十四年，薨。諡

善耆 隆懃第一子。光緒十二年，封二等鎮國將軍。二十四年，襲肅親王。

憲章 善耆第一子。光緒三十二年，封不入八分輔國公。

憲德

襲肅親王。同治八年，薨。謚曰恪。

曰良。

善耆第二子。光緒三十二年，封不入八分輔國公。

善豫

隆懃第二子。光緒十四年，封二等鎮國將軍。

善亭

隆懃第三子。光緒十四年，封二等鎮國將軍。二十五年，卒。無嗣。

善旌
隆懃第四子。光緒二十年，封二等鎮國將軍。

憲同
善旌子。宣統元年，襲鎮國將軍。

	隆愛 華豐第四子。同治元年，封二等鎮國將軍。光緒二十三年，卒。	隆普 華豐第十子。光緒三年，
統元年，卒。	善岫 隆愛第一子。光緒二十三年，襲輔國將軍。	

封二等鎮國將軍。	隆鑑 華豐第十一子。光緒十四年，封二等鎮國將軍。	隆慧 華豐第十二子。光緒三年，封二
		善詒 隆慧第一子。光緒十七年，襲輔

		華莊 敬敏第四子。道光六年，
等鎮國將軍。十六年，休致。	隆志 華豐第十三子。光緒六年，封二等鎮國將軍。	隆怡 華莊第二子。咸豐三年，
國將軍。		

封二等鎮國將軍。咸豐五年，卒。

封三等輔國將軍。六年，襲二等。十年，卒。無嗣。

隆懋 華莊第四子。咸豐七年，封三等輔國將軍。同治十一年，卒。無嗣。

敬敍　永錫第二子。嘉慶四年，封不入八分輔國公。道光六年，卒。	敬效　永錫第三子。嘉慶十一年，封不入八分
碩慶　敬敍子。道光六年，襲三等鎮國將軍。三十年，卒。	蔚樞　敬效第二子。道光十一年，襲鎮國將軍。
德琨　碩慶子。咸豐元年，襲輔國將軍。	春賢　蔚樞第一子。同治四年，襲輔國將軍。光
	成麟　春賢子。光緒八年，襲奉國將軍。

輔國公。道光十年，卒。	敬徵永錫第四子。嘉慶十年，封不入八分輔國公。咸豐元年，卒。無嗣。	敬敦永錫第五子。嘉
同治四年，卒。		恆齡敬敦第一子。道
緒七年，卒。		盛昌恆齡子。道光三
		普榮盛昌第一子。光

慶十七年，封不入八分輔國公。道光四年，卒。		敬敳
光四年，襲三等鎮國將軍。三十年，卒。	恆訓　敬敦第二子。道光二十四年，封輔國將軍。光緒九年，卒。	志勳
十年，襲三等輔國將軍。光緒五年，卒。	盛昆　恆訓第一子。光緒十年，襲奉國將軍。	
緒六年，襲奉國將軍。十七年，卒。無嗣。		

永錫第六子。嘉慶十四年，封二等鎮國將軍。道光十八年，卒。	
敬數第三子。道光十八年，襲輔國將軍。咸豐八年，卒。無嗣。	志良 敬數第四子。道光十八年，封輔國將軍。同治九
	承光 志良第一子。同治九年，襲奉國將軍。光緒十年，
	桂齡 承光第一子。光緒十五年，襲奉恩將軍。

	敬敫　永錫第八子。嘉慶十四年，封三等鎮國將軍。道光二十七年，卒。	
年，卒。	銳莊　敬敫第二子。道光十六年，封三等輔國將軍。光緒元年，卒。	瑞全　敬敫第三子。道光十六年，封三
休致。	麒兆　銳莊第二子。光緒二十年，襲奉國將軍。宣統元年，卒。無嗣。	

等輔國將軍。二十二年，卒。無嗣。

銳藝 敬敷第四子。道光十八年，封三等輔國將軍。光緒二十二年，因病告退。

恩榮 銳藝第五子。同治三年，封奉國將軍。

銳芬

麟定

益秀

	敬斌　永錫第十子。道光元年，封二等鎮國將
敬數　第五子。道光十八年，封三等輔國將軍。同治十年，因病告退。	質善　敬斌第一子。道光十八年，封三等輔國
銳芬　第二子。同治十年，襲奉國將軍。光緒二十四年，卒。	保岱　質善第三子。同治三年，襲奉國將軍。光
麟定　子。光緒二十四年，襲奉恩將軍。	

軍。咸豐七年，卒。

將軍。同治三年，卒。

緒四年，卒。無嗣。

質濬

敬斌第二子。道光二十四年，封三等輔國將軍。同治十二年，卒。無嗣。

衍璜

丹臻第

六子。康熙四十一年，襲顯親王。乾隆三十六年，薨。謚曰謹。	延德 丹臻第七子。康熙五十年，封三等奉國將軍。乾
	寶銘 延德第三子。乾隆二十四年，襲奉恩將軍。五十
	純裕 寶銘第一子。乾隆五十九年，襲奉恩將軍。尋卒。
	祥璧 純裕第一子。乾隆六十年，襲奉恩將軍。道光二
	靈秀 祥璧第二子。道光二十八年，襲奉恩將軍。同治
	崇恩 靈秀第一子。同治四年，襲奉恩將軍。光緒二十

	拜察禮　富綬第五子。康熙二十年,封三等輔國將軍。四十七年,卒。乾隆三十七年,追封
隆二十四年,因病告退。	蘊著　拜察禮第三子。康熙四十七年,襲三等奉國將軍。乾隆三十七年,襲顯親王。四十三年,
八年,卒。	舒明　蘊著第一子。乾隆八年,封奉恩將軍。二十八年,卒。
	忠靈　舒明第三子。乾隆二十八年,襲奉恩將軍。五十七年,卒。
十七年,卒。	聰順　忠靈第一子。乾隆五十七年,襲奉恩將軍。嘉慶十一年,卒。
三年,因病告退。	
年,卒。襲次已盡,不襲。	

顯親王。		
復始封之號，曰肅。薨，諡曰勤。	蘊清 拜察禮第四子。雍正三年，封三等奉國將軍。乾隆十九年，卒。	蘊興 拜察禮
	淑衡 蘊清第二子。乾隆十九年，襲奉恩將軍。三十年，卒。	淑德 蘊興子。
	忠傑 淑衡第一子。乾隆三十一年，襲奉恩將軍。嘉慶十三年，卒。	
	惠喜 忠傑子。	
	璧芳 惠喜子。嘉慶十三年，襲奉恩將軍。道光十四年，卒。無嗣。	

第六子。雍正四年，封三等奉國將軍。乾隆二十二年，因病告退。

乾隆二十二年，襲奉恩將軍。二十九年，緣事革退。

伽藍保

富綬第六子。康熙二十二年，封三等輔

	猛峨 豪格第五子。順治十四年，封溫郡王。康熙十三年，薨。諡曰良。	
國將軍。四十六年，緣事革退。	佛永惠 猛峨第一子。康熙十三年，襲溫郡王。十七年，薨。諡曰哀。	延綬 猛峨第
		揆惠 延綬第

二子。康熙十七年，襲溫郡王。三十七年，降貝勒。五十四年，卒。

一子。康熙五十年，封奉恩將軍。五十四年，襲輔國公。雍正元年，緣事革爵。

揆良

延綬第二子。康熙五十五年，封

普祿

揆良第三子。乾隆七年，襲奉恩

	延信猛峨第三子。康熙二十七年，封三等奉國將軍。雍正元年，襲貝子。尋以功晉郡王。六年，
奉恩將軍。乾隆七年，卒。	
將軍。三十五年，卒。	

因罪革爵，子孫降爲紅帶子。

星保

豪格第六子。順治十四年，封輔國將軍。康熙五年，緣事革退。

洛格

太宗第二子。早卒。無嗣。			
洛博會 太宗第三子。早卒。無嗣。			
葉布舒 太宗第四子。封三等鎮國將軍。康熙八	蘇爾登 葉布舒第一子。康熙十四年，封三等鎮	佛爾奇 蘇爾登第四子。康熙五十年，襲輔國將	扎延 佛爾奇第三子。雍正二年，襲奉國將軍。乾隆六

碩塞 太宗第五子。順		年，晉輔國公。二十九年，卒。
博果鐸 碩塞第		國將軍。四十一年，因病告退。
	額爾奇 蘇爾登第六子。乾隆七年，封奉恩將軍。十六年，卒。	軍。雍正二年，卒。
	雙關保 額爾奇第二子。乾隆十七年，襲奉恩將軍。四十二年，卒。	年，卒。無嗣。
	寵君保 雙關保第三子。乾隆四十三年，襲奉恩將軍。五十一年，卒。無嗣。	

治元年，封承澤郡王。八年，以功晉親王。十一年，薨。謚曰裕。	
一子。順治十二年，襲親王，改號曰莊。雍正元年，薨。謚曰靖。以聖祖十六子允祿爲後。	博翁果諾　碩塞第二子。康
	福蒼　博翁果諾第五子。乾隆
	球琳　福蒼第一子。雍正元年，
	德謹　球琳第二子。乾隆二十

熙四年，封惠郡王。二十三年，緣事革爵。	
五年，卒。以貝勒品級殯葬。十五年，追封貝勒。	
襲貝勒。六年，晉惠郡王。乾隆十一年，降貝勒。十二年，緣事革退。	
三年，襲輔國公。二十八年，緣事革退。	德春 球琳第三子。乾隆二十九年，襲三等鎮國將軍。三十年，因病告退。

德三　球琳第四子。乾隆三十三年，襲三等輔國將軍。五十六年，卒。

徙義　德三第一子。乾隆五十七年，襲奉國將軍。嘉慶十一年，緣事革退。

萬祥　肅章阿子，徙義族弟。嘉慶十一

恆麟　萬祥第二子。道光十五年，襲奉

英萃　恆麟子。

中端　英萃子。同治十三年，襲奉恩將

		明赫博翁果諾孫，伊泰子。乾隆二年，封鎮國
年，襲奉恩將軍。道光十五年，卒。		
恩將軍。同治十三年，卒。		
	英茂恆麟第三子。光緒十四年，襲奉恩將軍。	
軍。光緒十四年，卒。		

		高塞　太宗第
	鞥額布　碩塞第三子。康熙五年，封三等輔國將軍。二十年，卒。諡曰溫僖。	靖恆　高塞第
	榮貴　鞥額布第六子。康熙二十年，襲奉國將軍。二十二年，卒。無嗣。	
公。四年，緣事革退。		

六子。初封輔國公。康熙八年，晉鎮國公。九年，卒。諡曰慤厚。	
一子。康熙九年，襲不入八分輔國公。雍正六年，緣事革退。	雲升 高塞第三子。康熙十七年，封不入八分輔國公。
	釋迦保 雲升第二子。雍正六年，襲三等鎮國將
	忠福 釋迦保第一子。乾隆二年，襲輔國將軍。二十八

二十六年，緣事革退。雍正三年，卒。	成孚 高塞第五子。康熙二十二年，封不入八分輔國公。六十年，緣事革退。雍
軍。乾隆元年，緣事革退。	
年，緣事革退。	

正元年，卒。以公品級殯葬。

常舒　太宗第七子。初封三等鎮國將軍。康熙八年，晉輔國公。十四年，緣事革退。三十

德明　常舒第二子。康熙十二年，封三等鎮國將軍。五十四年，緣事革退。

海林

福喜

塞沙

慧文

七年，封輔國公品級。三十八年，卒。
常舒第十子。乾隆元年，封奉恩將軍。八年，卒。
海林第一子。乾隆九年，襲奉恩將軍。十三年，卒。
達福喜子。
塞沙達嗣子。乾隆二十四年，襲奉恩將軍。五十年，卒。

韜塞太宗第十子。初封三等鎮國將軍。康熙八年，晉輔國公。
容吉韜塞第四子。康熙二十二年，封三等鎮國將軍。四十三
靈泰容吉第五子。康熙五十一年，襲三等輔國將軍。雍正十

三十四年，卒。		博穆博果爾 太宗第
年，緣事革退。	諭德 韜塞第五子。乾隆元年，封奉恩將軍。十年，卒。	
二年，緣事革退。	明堯 諭德第二子。乾隆十年，襲奉恩將軍。四十年，卒。	
	阿爾吉圖 明堯第一子。乾隆四十一年，襲奉恩將軍。嘉慶十年，卒。	
	慶誠 阿爾吉圖第一子。嘉慶十一年，襲奉恩將軍。咸豐元年，卒。無嗣。	

十一子。順治十二年，封襄親王。十三年，薨。諡曰昭。無嗣。

世祖系

牛鈕 世祖第一子。早卒。

福全 世祖第

保泰 福全第

廣善 保泰第

二子。康熙六年，封裕親王。四十二年，薨。謚曰憲。	
三子。康熙四十一年，封世子。四十二年，襲裕親王。雍正二年，緣事革爵。	
一子。康熙六十一年，封世子。雍正二年，緣事革退，封公品級。六年，又革退。	廣華 保泰第三子。雍正二年，封輔國

	保綏 福全第五子。初封輔國公品級。康熙四十五年，卒。雍正三年，追封親王，諡曰悼。	
公。尋緣事革退。	廣靈 保綏第二子。雍正二年，襲裕親王。四年，緣事革爵。	廣祿 保綏第三子。雍正四年，襲裕親
		亮景 廣祿第三子。乾隆十四年，封三
		恆國 亮景第三子。乾隆十八年，襲輔

王。乾隆五十年，薨。謚曰莊。		
等鎮國將軍。十七年，卒。	亮智 廣祿第七子。乾隆二十一年，封一等輔國將軍。三十八年，緣事革退。	亮清 廣祿第
國將軍。十九年，卒。無嗣。		恆維 亮清第
		文彥 恆維第
		祥來 文彥第
		春榮 祥來第

八子。乾隆三十五年，封二等輔國將軍。四十一年，卒。	
一子。乾隆四十一年，襲二等奉國將軍。嘉慶十四年，卒。	
一子。嘉慶十年，封奉恩將軍。道光八年，卒。	文瑚 恆維第三子。嘉慶二十一年，封奉恩將軍。同治
一子。道光九年，襲奉恩將軍。光緒元年，卒。	
二子。光緒二年，襲奉恩將軍。三十三年，卒。襲次已盡，不襲。	

	亮柱 廣祿第十一子。乾隆二十七年，封三等奉國將軍。四十八年，卒。	亮煥 廣祿第十二子。乾隆二十七年，
	恆壁 亮柱第一子。乾隆四十八年，襲奉恩將軍。嘉慶四年，卒。	恆存 亮煥第二子。乾隆四十九年，封
元年，卒。		文和 恆存子。嘉慶二年，襲奉恩將軍。
		祥端 文和第一子。嘉慶二十一年，襲
		繼善 祥瑞第一子，祥端嗣子。道光十
		榮毓 繼善第一子。咸豐十一年，襲鎮
		魁璋 榮毓子。光緒二十四年，襲鎮國

封三等輔國將軍。五十一年，襲裕郡王。嘉慶十三年，薨。謚曰僖。		
三等奉國將軍。嘉慶元年，卒。十三年，追封貝勒。		恆略 亮煥第四子。嘉
十三年，襲貝勒。二十年，卒。	文傑 恆存第二子。嘉慶七年，封奉恩將軍。道光十四年，卒。	文徵 恆略第三子。嘉
貝子。道光十六年，卒。	祥瑞 文傑第三子。道光十五年，襲奉恩將軍。十七年，卒。	祥登 文徵第一子。道
六年，襲鎮國公。咸豐十一年，卒。		繼鳳 祥登第二子。光
國公。光緒二十三年，卒。		榮昌 繼鳳第一子。光
公。		

慶四年，封一等輔國將軍。十二年，卒。		
慶十二年，襲一等奉國將軍。道光二十一年，卒。		
光二十一年，襲奉恩將軍。光緒七年，因病告退。	祥翰文徵第二子。道光三十年，封奉恩將軍。光緒十八年，卒。	祥亨
緒七年，襲奉恩將軍。十七年，卒。	繼麟祥翰子。	
緒十七年，襲奉恩將軍。	榮光繼麟子。光緒十八年，襲奉恩將軍。	

恆晉　亮煥第五子。嘉慶七年，封三等鎮國將軍。道光

文義　恆晉第七子。道光十三年，封三等輔國將軍。咸

文徵　第三子。道光三十年，封奉恩將軍。光緒三十年，卒。無嗣。

		亮魁 廣祿第十三子。乾隆二
二十六年，卒。	恆津 亮煥第七子。嘉慶十五年，封奉國將軍。道光十八年，卒。	恆持 亮魁第二子。乾隆五十
豐八年，卒。無嗣。	文錫 恆津第一子。道光十八年，襲奉恩將軍。同治八年，卒。無嗣。	文謙 恆持第一子。嘉慶二十
		祥善 文謙子。嘉慶二十五年，

十七年，封三等鎮國將軍。嘉慶二十一年，因病告退。	亮慶 廣祿第十四子。乾隆二十七年，封三等鎮國將軍。五十
五年，封三等奉國將軍。嘉慶十二年，告退。	恆多 亮慶子。乾隆五十三年，襲三等輔國將軍。嘉慶十四年，
二年，襲奉恩將軍。尋襲三等輔國將軍。二十五年，卒。	
襲奉國將軍。道光元年，卒。無嗣。	

二年，卒。	亮遠 廣祿第十七子。乾隆三十五年，封二等輔國將軍。嘉慶十三年，卒。	亮瑚 廣祿第十八子。乾隆四
卒。	恆貴 亮遠第一子。嘉慶十三年，襲奉國將軍。十五年，卒。無嗣。	

十年，封二等鎮國將軍。嘉慶二年，卒。無嗣。	**亮聰** 廣祿第二十一子。乾隆四十九年，封二等鎮國將軍。嘉慶二年，
	恆翰 亮聰第一子。嘉慶二年，襲二等輔國將軍。同治元年，卒。
	文初 恆翰第四子。同治二年，襲二等奉國將軍。光緒二十八年，卒。無

	榮親王 世祖第四子，未命名。順治十五年，卒。無嗣。	常穎 世祖第五子。康熙十年，封恭親王。四十
		永綬 常穎第一子。康熙二十四年，封三等輔
卒。		
嗣。		

二年，薨。

國將軍。二十五年，卒。無嗣。

滿都護
常穎第二子。康熙五十一年，襲貝勒。雍正四年，緣事降貝子。尋復降鎮

國公。九年，卒。	海善 常穎第三子。康熙三十四年，封奉恩將軍。四十二年，襲貝勒。五十一年，緣事革退。雍正十年，復	
	祿穆布 海善子。	
	斐蘇 祿穆布子。雍正九年，襲貝勒。乾隆二十八年，卒。	
	明韶 斐蘇第二子。乾隆二十八年，襲貝子。五十二年，卒。	
	晉昌 明韶第一子。乾隆四十年，封輔國將軍。五十三年，襲鎮國公。嘉慶八年，緣事革爵。二十二年，復	
	祥林 晉昌第二子。道光八年，襲不入八分鎮國公。十四年，因病告退。	
	承熙 祥林第一子，道光二十八年，襲不入八分鎮國公。光緒十七年，卒。	
	崇略 承熙第一子。光緒十八年，襲不入八分鎮國公。二十年，卒。	
	德蔭 崇略第一子。光緒二十年，襲不入八分鎮國公。二十一年，卒。	德茂 崇略第二子。光緒二十

封貝勒。乾隆八年，卒。謚曰僖敏。

襲輔國公。道光八年，卒。

二年，襲不入八分鎮國公。

晉隆　明詔第二子。乾隆四十九年，封一等輔國將軍。嘉慶八年，襲輔國公。二十二年，

玉彩　晉隆第一子。嘉慶十年，封三等輔國將軍。道光十三年，因病告退。

	明恭　斐蘇第五子。乾隆三十年，封二等輔國將軍。嘉慶元年，卒。	明佩　斐蘇第六子。乾
緣事革爵。	嘉培　明恭第二子。嘉慶二年，襲三等奉國將軍。二十二年，卒。	純瑕　明佩子。
	連喜　嘉培第二子。嘉慶二十三年，襲奉恩將軍。道光十六年，緣事革退。	慶琳　純瑕子。道光五
		靈瑞　慶琳第二子。道

隆三十年，封二等輔國將軍。道光五年，卒。	明纘 斐蘇第十一子。乾隆四十年，封奉恩將軍。五十九年，卒。
	宜貴 明纘第一子。乾隆六十年，襲奉恩將軍。道光二十七年，卒。
年，襲奉國將軍。二十年，卒。	官瑞 宜貴第一子。道光二十八年，襲奉恩將軍。咸豐七年，卒。襲次已
光二十年，襲奉恩將軍。咸豐七年，卒。無嗣。	

	明該 斐蘇第十一子。乾隆四十年，封奉恩將軍。五十七年，因病告退。	明範 斐蘇第十二子。乾隆四十九年，
	玉顯 明該第一子。乾隆五十九年，襲奉恩將軍。嘉慶十五年，卒。無嗣。	
盡，不襲。		

封奉恩將軍。嘉慶二十年，卒。	明昆　斐蘇第十四子。乾隆四十九年，封奉恩將軍。嘉慶十八年，因病告退。道光五年，
	恆春　明昆第二子。嘉慶十九年，襲奉恩將軍。道光二十四年，卒。
	榮秀　恆春第一子。道光二十四年，襲奉恩將軍。光緒九年，卒。襲次已盡，不襲。

	對清額　常穎第四子。康熙三十九年，封三等輔國將軍。乾隆五年，因病告退。	
	愛隆阿　對清額第四子。乾隆五年，襲奉國將軍。九年卒。	福格　對清額第八子。乾隆二十二年，
	安楚杭阿　愛隆阿第三子。乾隆九年，襲奉恩將軍。十年卒。無嗣。	
卒。		

封奉恩將軍。四十二年，卒。無嗣。	奇臣對清額第九子。乾隆二十二年，封三等奉國將軍。嘉慶十二年，緣事革退。

	奇授 世祖第六子。早卒。無嗣。	隆禧
卓泰 常穎第五子。康熙四十一年，封三等輔國將軍。四十四年，卒。無嗣。		富爾

世祖第七子。康熙十三年，封純親王。十八年，薨。謚曰靖。	祜倫　隆禧子。康熙十九年，襲純親王。尋薨。無嗣。
永幹　世祖第八子。早卒。無嗣。	

清史稿卷一百六十四

表四

皇子世表四

聖祖系

允禔 聖祖第一子。康熙三十七年，封直郡王。四十七
弘昉 允禔第二子。雍正十二年，封鎮國公。乾隆三十
永揚 弘昉第九子。乾隆三十八年，襲輔國公。尋緣事

年，緣事革爵。雍正十二年，卒。照貝子例殯葬。		
七年，卒。	弘晌允禔第十三子。乾隆三十八年，封奉恩將軍。四十六年，卒。	
革退。	永多弘晌第一子。乾隆四十六年，襲奉恩將軍。嘉慶十四年，卒。	
	綿亘永多子。	
	奕章綿亘子。嘉慶十四年，襲奉恩將軍。道光二十八年，因病告退。	
	載禡奕章子。	
	溥瑞載禡嗣子。道光二十八年，襲奉恩將軍。同治元年，卒。	
	毓荃溥瑞第三子。同治元年，襲奉恩將軍。光緒十五年，卒。	毓英溥麟子，溥瑞嗣子。光緒十五年，襲奉恩

	允礽　聖祖第二子。康熙十四年，立爲皇太子。四十六年，廢。四十八年，復立。五十一年，復廢。雍正二年，薨。追封	
	弘晳　允礽第二子。雍正元年，封理郡王。六年，晉理親王。乾隆四年，緣事革爵。	弘晉　允礽第三子。康熙五十
		永璥　弘晉第三子。乾隆元年，
將軍。		

理親王，諡曰密。

六年，卒。照輔國公品級殯葬。

封輔國公。五十二年，卒。

弘曣	允礽第六子。雍正六年，封輔國公。乾隆十五年，卒。諡曰恪僖。
永瑋	弘曣第一子。乾隆十五年，襲輔國公。五十二年，卒。諡曰恪勤。
綿俊	永瑋第一子。乾隆三十五年，封三等奉國將軍。五十五年，因病告退。嘉
奕澤	綿俊第一子。乾隆五十五年，襲奉恩將軍。道光二十八年，卒。
載普	奕澤第三子。道光二十九年，襲奉恩將軍。光緒十一年，卒。
溥榮	載普子。
毓寬	溥榮子。光緒十一年，襲奉恩將軍。

慶三年，卒。

綿侃
永瑋第二子。乾隆三十五年，封奉恩將軍。嘉慶二年，卒。無嗣。

綿佐
永瑋第五子。乾隆四十

奕質
綿佐第一子。嘉慶十二

		弘眺
		永增
四年，封三等輔國將軍。五十三年，襲輔國公。嘉慶十一年，卒。		綿陡
年，襲不入八分輔國公。二十二年，卒。	奕贊 綿佐第三子。嘉慶十七年，封奉恩將軍。同治八年，卒。無嗣。	

	允祕第七子。雍正十二年，封輔國公。乾隆三十四年，緣事革退。
永璒　弘晀第四子。乾隆三十三年，封三等奉國將軍。三	弘晀第一子。乾隆二十六年，封奉恩將軍。四十八年，卒。
綿⿸厂勺　永璒第一子。乾隆四十年，襲奉恩將軍。道光十	永增第二子。乾隆四十九年，襲奉恩將軍。嘉慶七年，緣事革退。

十九年，卒。	永砇 弘晀第五子。乾隆三十年，封二等奉國將軍。三十三年，卒。	永遐 弘晀第七子。乾隆三十
二年，卒。無嗣。	綿厓 永砇第二子。乾隆三十三年，襲奉恩將軍。嘉慶十六年，卒。	綿烈 永遐第一子。乾隆四十
	奕錦 綿厓第三子。嘉慶十六年，襲奉恩將軍。咸豐元年，因病告退。	奕亶 綿烈第二子。嘉慶二十
	載績 奕錦第一子。咸豐元年，襲奉恩將軍。十年，緣事革退。	

弘𣈆 允祕第十子。乾隆元年，封輔國公。四年，襲理郡王。四十五年，薨。	
永曖 弘𣈆第一子。乾隆三十五年，封三等輔國將軍。四十五年，襲貝	年，封二等奉國將軍。道光元年，卒。
綿溥 永曖第二子。乾隆五十四年，襲貝子。嘉慶六年，卒。	九年，封奉恩將軍。嘉慶二十一年，卒。
奕灝 綿溥第一子。嘉慶六年，襲鎮國公。道光十年，緣事革退。十八年，	二年，襲奉恩將軍。道光二十二年，卒。無嗣。
載受 奕灝第一子。道光十一年，封輔國將軍。二十八年，卒。	
福存 載受第二子。道光二十九年，襲奉國將軍。光緒十四年，卒。	
毓均 福存子。光緒十五年，襲奉恩將軍。宣統元年，卒。無嗣。	

謚曰恪。

勤。五十三年，卒。

復襲輔國公。尋緣事革退。

載寬　奕灝第三子。道光十年，襲輔國公。十八年，卒。

載岱　奕芝子，奕灝族姪。道光十九年，襲奕灝之輔國公爵。同

溥豐　載岱第一子。道光三十年，封二等輔國將軍。光緒元年，

毓炤　溥豐第四子。光緒二十二年，襲輔國公。

治十三年，卒。

襲輔國公。二十二年，卒。

溥盛　載岱第二子。道光元年，封二等輔國將軍。光緒十七年，因病告退。二十二年，卒。

溥徵

毓佑　溥盛第三子。光緒十七年，襲奉國將軍。

毓錦

載岱第三子。咸豐七年，封輔國將軍。光緒十五年，卒。

溥徵子。光緒十六年，襲奉國將軍。

溥銳

載岱第六子。光緒十二年，封一等奉國將軍。二十一年，

		永育　弘曣次子。乾隆四十年，封三等
		綿澐　永育第三子。乾隆六十年，襲奉
	奕魁　綿溥第二子。嘉慶十四年，封三等鎮國將軍。二十三年，卒。	奕堂　綿澐第三子。咸豐八年，襲奉恩
	載鏞　奕魁子。嘉慶二十三年，襲輔國將軍。道光七年，卒。無嗣。	載鈺　奕堂第二子。光緒十四年，襲奉
卒。無嗣。		

		弘晥 允礽第
奉國將軍。五十九年，卒。	永準 弘曤第五子。乾隆五十五年，封一等輔國將軍。嘉慶二十二年，卒。無嗣。	永浩 弘晥第
恩將軍。咸豐八年，卒。		
將軍。光緒十四年，卒。		
恩將軍。		

	允祉　聖祖第三子。康熙三十七年，封誠郡王。三十八年，緣事
十二子。乾隆三年，封輔國公。四十年，卒。	弘晟　允祉第三子。康熙五十九年，封世子。雍正二年，緣事革
二子。乾隆四十年，襲不入八分輔國公。四十三年，卒。	

降貝勒。四十八年，晉誠親王。雍正六年，緣事降誠郡王。八年，復封誠親王。尋緣事革爵。十年，薨。照郡王例殯葬。乾隆二

退。

弘暻 允祉第七子。雍正五年，封鎮國公。八年，晉貝子。乾隆四十二年，卒。

永珊 弘暻第三子。乾隆四十二年，襲鎮國公。嘉慶二年，卒。

綿策 永珊第三子。嘉慶二年，襲輔國公。五年，卒。

奕果 綿道子，綿策嗣子。嘉慶六年，襲不入八分輔國公。同治九年，卒。

載齡 奕果第一子。同治九年，襲不入八分輔國公。光緒元年，卒。

溥元 載雙子，載齡嗣子。光緒十年，襲不入八分輔國公。

年，追謚曰隱。	允祺 聖祖第五子。康熙三十七年，封貝勒。四十八年，晉恆親王。雍正十年，薨。謚曰溫。	
	弘昇 允祺第一子。康熙五十九年，封世子。雍正五年，緣事革退。乾隆十九年，卒。照貝勒品級殯葬。謚	
	永澤 弘昇第三子。乾隆四十年，封不入八分輔國公。五十五年，襲貝子。嘉慶十五年，卒。	
	綿疆 永澤第三子。嘉慶四年，封三等鎮國將軍。十五年，襲鎮國公。十六年，卒。	綿崧 永澤第四子。嘉
	奕奎 綿崧子，綿疆嗣子。嘉慶十六年，襲鎮國公。道光十五年，緣事革退。	奕禮 綿槐子。道光十
		載茯 奕禮第一子。道
		溥泉 載茯第一子。同
		毓森 溥泉子。同治四

曰恭恪。	
慶四年，封一等輔國將軍。道光十五年，襲輔國公。十七年，卒。	
八年，襲綿崧輔國公之爵。二十九年，卒。	
光十八年，封二等輔國將軍。二十九年，襲輔國公。同治元年，卒。	載茂 奕禮第三子。道光二十四年，封一等奉國將軍。
治二年，襲不入八分輔國公。三年，卒。	溥鏡 載茂子。咸豐八年，襲奉恩將軍。同治五年，緣事
年，襲不入八分輔國公。	

咸豐八年，卒。

革退。

弘晊　允祺第二子。雍正三年，封輔國公。五年，晉鎮國公。十年，襲恆親王。乾隆四十年，卒。謚曰恪。

永馨　弘晊第一子。乾隆二十一年，封二等輔國將軍。二十五年，卒。

綿銓　永馨第一子。乾隆二十六年，襲三等奉國將軍。四十年，緣事革退。

永勳　弘晊第三子。乾

綿果　永勳第四子。乾

奕徵　綿果第一子。嘉

隆三十年，封二等奉國將軍。五十一年，卒。

隆五十一年，襲奉恩將軍。嘉慶二十一年，卒。

慶二十四年，襲奉恩將軍。道光二十九年，卒。無嗣。

永皓

弘晊第十子。乾隆四十年，襲恆郡王。五十三年，薨。謚曰

	弘昂允祺第四子。雍正三年，封一等鎮國將軍。乾隆四十年，緣事革退。	弘昫允祺第六子。雍正十三
敬。		永慶弘昫第二子。乾隆五年，
		綿彰永慶第一子。乾隆四十

年，封奉恩將軍。乾隆五年，因病告退。	弘曈 允祺第七子。雍正十三年，封奉恩將軍。乾隆六年，因病告退。	
襲奉恩將軍。四十二年，因病告退。	永春 弘曈第一子。乾隆六年，襲奉恩將軍。二十三年，因病告退。	永鼐
二年，襲奉恩將軍。嘉慶十五年，卒。無嗣。	綿綱 永春第一子。乾隆三十四年，襲奉恩將軍。三十五年，緣事革退。	

	允祚 聖祖第六子。早卒。	允祐 聖祖第七子。康熙三十九年，封貝勒。四
		弘曙 允祐第一子。雍正元年，封世子。五年，緣
弘曈 第二子。乾隆六年，襲奉恩將軍。尋卒。		

十八年，事革退。	晉淳郡王。雍正元年，晉淳親王。八年，薨。謚曰度。	
	弘暐 允祐第二子。乾隆八年，封輔國將軍。八年，卒。	
	永玒 弘暐第二子。乾隆九年，襲奉國將軍。十七年，卒。	永莊 弘暐第三子。乾隆十八年，襲奉恩將軍。四十二

弘暻　允祹第六子。雍正五年，封世子。八年，襲淳郡王。乾隆四十二年，薨。謚曰慎。	
永鋆　弘暻第八子。乾隆四十三年，襲貝勒。嘉慶二十五年，卒。	年，因病告退。
綿清　永鋆第二子。嘉慶十七年，封一等輔國將軍。道光元年，襲貝子。咸豐元年，卒。	
奕樑　綿清第四子。道光十八年，封三等鎮國將軍。咸豐元年，襲鎮國公。同治十一年，加貝子銜。光緒十三年，	
載[糹亥]　奕樑第六子。光緒十三年，襲鎮國公。二十年，卒。	
溥堃　載[糹亥]子。光緒二十一年，襲鎮國公。	

卒。

奕權
綿清第五子。
道光二十四年，封二等輔國將軍。
同治三年，卒。無嗣。

奕榕
綿清第六子。
道光二十四年，封

		綿淩 永鋆第三子。道光六年,
奉恩將軍。光緒元年,緣事革退。	奕楓 綿清第十二子。咸豐元年,封奉國將軍。光緒七年,卒。	
	載煒 奕楓第三子。光緒八年,襲奉恩將軍。	

封一等輔國將軍。同治十年，卒。無嗣。	綿洵 永鋆第五子。道光六年，封奉恩將軍。咸豐八年，卒。	綿瀞 永鋆第六子。道
	奕檻 綿洵第一子。咸豐九年，襲奉恩將軍。光緒十二年，卒。	奕梅 綿瀞第一子。咸
	載煜 奕檻第一子。光緒十三年，襲奉恩將軍。	

光六年，封奉恩將軍。咸豐九年，卒。	綿淑　永鋆第七子。道光六年，封奉恩將軍。二十七年，卒。
豐十年，襲奉恩將軍。同治元年，緣事革退。	奕樺　綿淑第一子。道光二十七年，襲奉恩將軍。同治元年，緣事革退。

	允禩 聖祖第八子。康熙三十七年，封貝勒。六十一年，
弘泰 允祐第七子。乾隆八年，封三等奉國將軍。二十二年，卒。	

晉廉親王。雍正四年，以罪革爵。	允禟聖祖第九子。康熙四十八年，封貝子。雍正三年，以罪革爵。	允䄉
	弘晸允禟第一子。乾隆四十七年，封不入八分輔國公。四十八年，緣事革退。	

聖祖第十子。康熙四十八年，封敦郡王。雍正二年，以罪革爵。乾隆二年，封輔國公品級。六年，卒。照貝子例殯葬。	允禌

聖祖第十一子。早卒。

允祹	聖祖第十二子。康熙四十八年，封貝子。六十一年，晉郡王。雍正元年，緣事降貝子。二
弘昆	允祹第五子。乾隆十五年，卒。照世子例殯葬。

年，降鎮國公。八年，復封履郡王。十三年，晉履親王。乾隆二十八年，薨。以高宗第四子永珹爲嗣。

允祥 聖祖第十三子。	
弘昌 允祥第一子。雍	

康熙六十一年，封怡親王。雍正八年，薨。謚曰賢。

正元年，封貝子。十三年，晉貝勒。乾隆四年，緣事革退。

弘暾　允祥第三子。雍正六年，卒。照貝勒例殯葬。

永喜　弘晈第一子，弘暾嗣子。雍正八年，襲貝勒。九年，卒。無嗣。

弘晈 允祥第四子。雍正八年，封寧郡王。乾隆二十九年，薨。諡曰良。	
永福 弘晈第二子。乾隆二十九年，襲貝勒。四十七年，薨。諡曰恭恪。同治三年，追封怡親王。	
綿譽 永福第四子。乾隆四十七年，襲貝勒。道光二十三年，卒。同治三年，追封怡親王。	
奕蘧 綿譽第一子。道光元年，封二等鎮國將軍。十九年，緣事革退。	奕格 綿譽第三子。道光二十四年，襲貝子。咸
	載敦 奕格第二子。咸豐七年，封三等鎮國將
	溥靜 載敦第一子。同治七年，封不入八分輔

豐八年，卒。同治三年，追封怡親王。

軍。八年，襲鎮國公。同治三年，襲怡親王。光緒十六年，薨。謚曰端。

國公。光緒十七年，襲怡親王。二十六年，薨。尋以罪革爵。

溥耀　載敦第二子。光緒六年，封二等鎮國將軍。二十

毓麒　溥耀子。光緒二十八年，襲怡親王。

		奕連 綿鬠第四子。道光十三年，封奉恩將軍。
	載熙 奕格第七子。咸豐七年，封鎮國將軍。光緒元年，卒。	
六年，卒。	溥榮 載熙第一子。光緒二年，襲輔國將軍。二十年，卒。無嗣。	

二十九年，卒。無嗣。

奕珷　綿譽第六子。道光十六年，封一等輔國將軍。光緒九年，卒。

載孔　奕珷第二子。光緒九年，襲奉國將軍。二十七年，卒。

溥凱　載孔第一子。光緒二十八年，襲奉恩將軍。

溥彩　載孔第二子。光緒二十三年，封

弘昤允祥第六子。雍正七年，卒。照貝		
	奕存綿譽第八子。同治元年，封奉恩將軍。光緒二年，卒。	
	載壽奕存第一子。光緒二年，襲奉恩將軍。十六年，卒。無嗣。	
		奉恩將軍。

勒品級殯葬。	弘曉　允祥第七子。雍正八年，襲怡親王。乾隆四十三年，薨。謚曰僖。	
	永杭　弘曉第一子。乾隆三十年，封三等鎮國將軍。四十二年，卒。無嗣。	永琅　弘曉第二子。乾隆三十
		綿標　永琅第二子。乾隆五十
		奕勳　綿標第一子。嘉慶四年，
		載坊　奕勳第一子。嘉慶二十

年，封三等鎮國將軍。四十三年，襲怡親王。嘉慶四年，薨。謚曰恭。

五年，封不入八分輔國公。嘉慶四年，卒。五年，追封怡親王。

襲三等鎮國將軍。尋襲怡親王。二十三年，薨。謚曰恪。

四年，襲怡親王。二十五年，薨。

載垣

奕勳第二子。道光五年，襲怡親王。咸豐十一年，因罪革爵，賜自盡。

載坪

奕勳第三子。道光十六年，封三等輔國將軍。二十一年，卒。	載圻　奕勳第四子。道光十六年，封三等輔國將軍。同
	溥綸　載圻第二子。同治九年，襲奉國將軍。十一年，卒。

治八年，卒。

載增　奕勳第五子。道光十六年，封三等輔國將軍。咸豐九年，卒。

溥瑛　載增第一子。咸豐九年，襲三等奉國將軍。光緒十七年，卒。

毓嶲　溥瑛第二子。光緒十七年，襲奉恩將軍。三十一年，卒。無嗣。

載堃　奕勳第六子。道光十八

年，封三等輔國將軍。咸豐三年，卒。無嗣。

載堪　奕勳第七子。道光十八年，封三等輔國將軍。咸豐十一年，卒。

溥儀　載堪第一子。咸豐十一年，襲奉國將軍。光緒九年，卒。

毓秀　溥儀第一子。光緒九年，襲奉恩將軍。十二年，卒。無嗣。

永邁

弘曉第八子。乾隆五十五年，封三等輔國將軍。嘉慶四年，卒。無嗣。

載泰

允祥第五世孫，奕增子。同治元年，襲載

載帛　允祥第五世孫，奕協子。同治五	垣所降之不入八分輔國公。三年，襲載敦所遺之輔國公。五年，緣事革退。

允禵	聖祖第十四子。康熙四十八年，封貝子。雍正元年，晉郡王。三年，緣事降貝子。四	
弘春	允禵第一子。雍正元年，封貝子。二年，緣事革退。四年，封鎮國公。六年，晉貝子。九	
永晉	弘春子。	
綿備	永晉子。	
奕山	綿備子。道光二十七年，封一等鎮國將軍。光緒四年，卒。	
載鷟	奕山第二子。咸豐元年，封三等輔國將軍。光緒二年，卒。	年，襲載泰所遺之輔國公。
溥翰	載鷟第一子。咸豐七年，封奉國將軍。光緒四年，襲輔國將軍。十二年，告退。	
毓照	溥翰第三子。光緒十三年，襲奉國將軍。	

年，革爵。乾隆二年，封輔國公。十二年，晉貝勒。十三年，復封恂郡王。二十年，薨。謚曰勤。	
年，晉貝勒。十一年，晉泰郡王。十二年，緣事降貝子。十三年，革退。	弘明　允禵第二子。雍正十三年，封貝勒。乾隆三十二
	永忠　弘明第一子。乾隆二十一年，封三等輔國將軍。
	綿算　永忠第五子。乾隆五十八年，襲奉國將軍。道光

年，薨。諡曰恭勤。		
五十八年，卒。	永碩 弘明第二子。乾隆二十二年，封三等輔國將軍。三十二年，襲貝子。嘉慶十三年，卒。	
二十四年，卒。	綿齡 永碩第三子。乾隆六十年，封三等輔國將軍。嘉慶十三年，襲鎮國公。道光四年，卒。	
	奕興 綿齡第四子。道光四年，襲鎮國公。咸豐八年，卒。	
	載森 奕興第二子。咸豐八年，襲不入八分鎮國公。光緒十三年，卒。	
	溥博 載森第一子。光緒十三年，襲不入八分鎮國公。二十年，卒。	溥多 載森第二子。光緒二十

一年，襲不入八分鎮國公。

載國　奕興第三子。同治七年，封三等輔國將軍。光緒三十一年，卒。無嗣。

綿贊	
奕誠	
載桂	

永碩第四子。嘉慶四年，封二等輔國將軍。二十三年，卒。

綿贊第一子。

奕誠子。嘉慶二十四年，襲奉國將軍。同治五年，卒。

奕譜

綿贊第二子。道光元年，封奉國將軍。十四年，卒。無嗣。

奕洽綿贊第三子。道光四年，封奉國將軍。同治七年，卒。	
載荷奕洽第一子。咸豐七年，封奉恩將軍。光緒十一年，卒。無嗣。	載申奕洽第二子。同治三年，封奉恩將軍。

綿榜永頎第五子。嘉慶四年，封三等輔國將軍。十七年，緣事革退。	綿默永頎第六子。嘉慶四年，封奉恩將軍。咸
	奕班綿默第一子。咸豐四年，襲奉恩將軍。光

豐四年，卒。	綿翽 永碩第七子。嘉慶十四年，封奉恩將軍。道光九年，緣事革退。	綿翔 永碩第八子。嘉慶十七
緒元年，卒。無嗣。		奕萃 綿翔第一子。道光三年，
		載策 奕萃第一子。咸豐八年，

	永恬 弘明第三子。乾隆二十二年，封一等奉國將軍。三十二年，卒。	
年，封奉恩將軍。道光二年，卒。	綿旭 永恬第一子。乾隆三十二年，襲奉恩將軍。嘉慶十八年，卒。	
襲奉恩將軍。咸豐八年，卒。	奕湄 綿旭第一子。嘉慶十八年，襲奉恩將軍。道光六年，陣亡於和闐。	奕道 綿旭第
襲奉恩將軍。光緒四年，卒。無嗣。		

	永梯　弘明第四子。乾隆二十七年，封一等奉國將軍。
	綿款　永梯第一子。乾隆五十六年，襲奉恩將軍。道光
四子。道光七年，襲奉恩將軍。二十四年，卒。襲次已盡，不襲。	奕樸　綿款第二子。道光六年，襲奉恩將軍。咸豐九年，
	載屯　奕樸第一子。咸豐九年，襲奉恩將軍。光緒七年，

	允禑 聖祖第十五子。雍正四年，封貝勒。八年，晉愉郡王。九年，薨。諡曰恪。	
	弘慶 允禑第三子。雍正九年，襲愉郡王。乾隆三十四年，薨。諡曰恭。	
五十五年，因病告退。	永珔 弘慶第一子。乾隆三十五年，襲貝勒。嘉慶二十五年，卒。	
六年，卒。	綿岫 永珔第一子。嘉慶七年，封鎮國將軍。道光元年，襲貝子。三十年，卒。	
卒。	奕櫄 綿岫第一子。道光九年，封二等輔國將軍。三十年，襲鎮國公。同治五年，	
因病告退。二十一年，卒。襲次已盡，不襲。	載烋 奕櫄第一子。咸豐七年，封一等輔國將軍。九年，卒。無嗣。	載璨 奕櫄第
		溥釗 載霞子，

卒。	奕根綿岫第三子。咸豐七年，封二等輔國將
二子。咸豐七年，封輔國將軍。同治五年，襲輔國公。光緒十一年，卒。	載霖奕根第一子。同治七年，封奉國將軍。光
載璨嗣子。光緒十一年，襲輔國公。	

軍。光緒十三年，卒。		
緒十五年，卒。無嗣。	載光 奕根第四子。光緒三年，封奉國將軍。	載燕 奕根第六子。光緒三年，封奉國
	溥培 載光第一子。光緒三十二年，封奉恩將軍。	溥坪 載燕子。光緒三十二年，封奉恩

將軍。宣統三年，卒。

將軍。

奕楸　綿岫第四子。咸豐七年，封二等輔國將軍。同治三年，卒。無嗣。

奕根　綿岫第七子。咸

豐七年，封奉恩將軍。十一年，卒。無嗣。

奕楠 綿岫第八子。同治七年，封奉恩將軍。光緒十年，因病告退。十六年，卒。

載莊 奕楠第二子。光緒十六年，襲奉恩將軍。

	綿峻　永琦第二子。嘉慶七年，封鎮國將軍。道光二十
奕櫺　綿岫第九子。同治七年，封奉恩將軍。十一年，卒。無嗣。	奕樟　綿峻第二子。道光二十三年，襲三等輔國將軍。
	載雯　奕樟第一子。光緒三年，封奉國將軍。九年，卒。無

三年，卒。	綿岐 永琦第五子。嘉慶十七年，封輔國將軍。道光十一年，卒。	綿崑 永琦第六子。嘉慶十七
光緒十年，卒。	奕樁 綿岐第四子。道光十一年，襲奉國將軍。光緒十六年，卒。無嗣。	奕棟 綿崑第一子。道光十二
嗣。		載搜 奕棟第一子。咸豐七年，

		年，封二等鎭國將軍。道光十一年，卒。
奕椭綿崑第		年，襲輔國將軍。同治十一年，卒。
	載臧奕棟第二子。同治十二年，襲奉國將軍。光緒元年，卒。無嗣。	封奉國將軍。九年，緣事革退。

	綿崙 永琦第七子。嘉慶十七年，封一等輔國將軍。道光二十
三子。道光二十四年，封三等輔國將軍。同治元年，卒。	奕杰 綿崙子。道光十六年，封奉國將軍。光緒四年，卒。
	載照 奕杰第二子。光緒四年，襲奉恩將軍。

年，卒。	綿崗 永琫第八子。嘉慶二十一年，封一等輔國將軍。道光二十一年，卒。	綿峯 永琫第九子。道光元年，
	奕芳 綿崗第二子。道光二十一年，襲奉國將軍。二十四年，卒。無嗣。	奕彬 綿峯子。道光二十七年，

		永勒 弘慶第二子。乾
封輔國將軍。二十七年，卒。	綿寵 永珔第十子。道光六年，封輔國將軍。同治十二年，卒。	
襲奉國將軍。光緒十四年，卒。	奕樵 綿寵子。同治十三年，襲奉國將軍。光緒元年，卒。	
	載霞 奕樵第一子。光緒元年，襲奉恩將軍。	

隆五十五年，封奉恩將軍。嘉慶四年，卒。無嗣。

弘富	允禑第四子。乾隆十四年，封三等鎮國將軍。十八年，卒。
永淳	弘富第三子。乾隆四十九年，襲輔國將軍。嘉慶二十三年，卒。
綿鈖	永淳第一子。乾隆五十五年，封奉恩將軍。道光元年，卒。
奕元	綿鈖子。道光元年，襲奉恩將軍。咸豐元年，卒。
載裕	奕元第一子。咸豐八年，襲奉恩將軍。同治元年，緣事革退。

允祿 聖祖第十六子。嗣博果鐸後。雍正元年，襲莊親王。乾隆三十二年，薨。諡曰恪。

弘普 允祿第二子。乾隆元年，封貝子。四年，緣事革退。尋封鎮國公。八年，卒。追封世子。諡曰恭勤。

永瑺 弘普第一子。乾隆八年，襲輔國公。三十二年，襲莊親王。五十三年，薨。諡曰愼。

綿課 永珂第一子，永瑺嗣子。乾隆五十三年，襲莊親王。道光二年，降莊郡王。四年，復封莊親王。六年，薨。諡曰襄。

奕䝼 綿課第四子。嘉慶十八年，封不入八分輔國公。道光六年，緣事革退。十一年，封三等奉國將軍。十二年，革退。

奕叡　綿課第七子。道光六年，封三等鎮國將軍。八年，緣事革退。十一年，封奉國將軍。十九年，休致。	奕腆　綿課第
	載察　奕腆第
	溥整　載齋子，
	毓鞏　溥整第

九子。道光六年，封三等輔國將軍。八年，緣事革退。十九年，襲奉恩將軍。同治四年，卒。	奕賚 綿課第十三子。道光六
四子。同治四年，襲奉恩將軍。六年，緣事革退。	
載察堂姪。同治六年，襲奉恩將軍。光緒二十六年，卒。	
一子。光緒二十八年，襲奉恩將軍。	

年，襲莊親王。八年，降郡王。十一年，復封親王。十八年，緣事革爵。

永珂

弘普第二子。乾隆二十七年，封三等奉國將軍。

	弘明 允祿第六子。乾隆二十一年，封一等輔國將軍。五十二年，卒。	
五十九年，卒。	永庥 弘明第二子。乾隆五十二年，襲奉國將軍。嘉慶十一年，卒。	
	綿厚 永庥第一子。嘉慶七年，封奉恩將軍。道光四年，緣事革退。	綿綜 永庥第三子。嘉慶七年，
		奕沈 綿綜第四子。道光十四

	弘曧　允祿第八子。乾隆二十一年，封二等鎮國將軍。三十二年，襲輔國公。嘉
	永蕃　弘曧第一子。乾隆四十年，封二等輔國將軍。五十四年，卒。
封奉恩將軍。道光十三年，卒。	綿護　永蕃第一子。乾隆五十四年，襲奉國將軍。嘉慶十二年，襲輔國公。十八
年，襲奉恩將軍。咸豐四年，卒。無嗣。	

慶十一年，卒。	
年，襲莊親王。道光二十一年，薨。謚曰勤。	綿譁永蕃第二子。嘉慶十年，封奉國將軍。道光二十二年，襲莊親王。二十五
	奕仁綿譁第一子。道光二十四年，封不入八分輔國公。二十六年，襲莊親王。
	載勛奕仁第二子。同治十一年，封不入八分輔國公。光緒元年，襲莊親王。二
	溥綱載勛第一子。光緒二十三年，封不入八分輔國公。宣統元年，卒。
	毓憨溥綱子。宣統元年，襲鎮國將軍。

年，薨。謚曰質。

同治十三年，薨。謚曰厚。

十六年，以罪革爵。二十七年，賜自盡。

載勀　奕仁第三子。光緒三年，封鎮國將軍。十二年，卒。無嗣。

載功　奕仁第

溥載　載功第

四子。光緒六年，封二等鎮國將軍。二十八年，襲莊親王。

二子。光緒二十九年，封不入八分輔國公。

奕佩

綿譁第二子。道光三十年，封不入八分輔國公。光緒八

載勃

奕佩第三子。光緒八年，襲鎮國將軍。

		永蕚　弘融第二子。乾隆四十年，封一等奉國
		綿韜　永蕚第二子。嘉慶八年，襲奉恩將軍。道
年，卒。	奕保　綿譁第三子。同治元年，封三等輔國將軍。十一年，告退。	

將軍。嘉慶五年，因病告退。		永莌 弘㣇第
光十八年，卒。無嗣。	綿枌 永蕚第三子。嘉慶十七年，封奉恩將軍。道光二十七年，因病告退。無嗣。	綿林 永莌第
		奕增 綿林第
		載勵 奕增第

	允禮　聖祖第十七子。雍正元年，封果郡王。六年，晉果親王。乾隆三年，
四子。嘉慶四年，封一等奉國將軍。道光六年，卒。	
一子。道光十七年，襲奉恩將軍。同治二年，卒。	
三子。同治二年，襲奉恩將軍。光緒七年，卒。	
二子。光緒七年，襲奉恩將軍。	

薨。諡曰毅。以世宗第六子弘瞻爲嗣。

允祄 聖祖第十八子。早卒。

允禝 聖祖第十九子。早卒。

允禕 聖祖第

弘閏 允禕第

永玉 弘閏第

綿通 永搴子，

二十子。雍正四年，封貝子。八年，晉貝勒。十二年，緣事降輔國公。十三年，復封貝勒。乾隆二十年，卒。謚曰簡靖。	
二子。乾隆二十年，襲貝子。五十六年，卒。	
一子，乾隆五十七年，襲輔國公。道光七年，卒。	永揆 弘閏第五子。嘉慶四年，封奉國將軍。五年，卒。無
永玉嗣子。道光七年，襲不入八分鎮國公。十八年，緣事革退。	

嗣。	永羣 弘閏第六子。嘉慶四年，封三等輔國將軍。二十三年，卒。無嗣。	永彩 弘閏第七子。嘉慶十年，封二等
		綿壽 永彩子。嘉慶二十一年，襲奉國
		奕賀 綿壽第二子。同治十一年，襲不
		載鉞 奕賀第一子。光緒十五年，襲不

輔國將軍。二十年，卒。	
將軍。道光十八年，襲綿通之不入八分鎮國公。咸豐十一年，因病告退。同治十年，卒。	
入八分鎮國公。光緒十五年，卒。	
入八分鎮國公。三十年，卒。	**載鎧** 奕賀第二子。光緒二十三年，封三等輔國將軍。三十一年，襲不入八分鎮國公。

載鐙　奕賀第三子。光緒二十九年，封輔國將軍。

允禧　聖祖第二十一子。雍正八年，封貝子。尋晉貝勒。十三年，

晉愼郡王。乾隆二十三年，薨。謚曰靖。以高宗第六子永瑢爲嗣。	允祐　聖祖第二十二子。雍正八年，封貝子。十二年，晉
	弘曨　允祐第一子。乾隆九年，襲貝子。十九年，卒。
	永芝　弘曨第一子。乾隆四十九年，襲鎭國公。五十年，

貝勒。乾隆八年，卒。諡曰恭勤。		
	弘嵩 允祜第四子。乾隆三十年，封二等鎮國將軍。四十二年，卒。	弘豐 允祜第五子。乾
緣事革退。	永若 弘嵩第三子。乾隆四十二年，襲三等輔國將軍。五十四年，卒。無嗣。	
		綿鸞 永晉子，弘豐嗣
		奕慶 綿鸞第四子。道
		載麟 奕慶第三子。光
		溥陽 載麟第一子。光

允祁 聖祖第		
弘昑 允祁第		隆三十年，封一等輔國將軍。嘉慶八年，卒。
永厚 弘昑第		
		孫。嘉慶八年，襲奉恩將軍。咸豐十年，卒。
	奕昌 綿鸞第五子。道光十六年，封奉恩將軍。光緒六年，卒。	光十三年，襲奉恩將軍。光緒四年，卒。
	載哲 奕昌第三子。光緒七年，襲奉恩將軍。二十二年，卒。無嗣。	緒五年，襲奉恩將軍。二十三年，卒。
		緒二十四年，襲奉恩將軍。

二十三子。雍正八年，封鎮國公。十三年，晉貝勒。乾隆二十三年，緣事降貝子。四十二年，又降鎮國公。四十五年，晉貝子。

二子。乾隆二十二年，封一等奉國將軍。四十六年，卒。

二子。乾隆四十六年，襲奉恩將軍。四十八年，卒。無嗣。	永本 弘昑第三子。乾隆四十九年，封奉恩將軍。嘉慶十五年，

四十七年，晉貝勒。四十九年，加郡王銜。五十年，卒。謚曰誠。		
	弘亮　允祁第三子。嘉慶十四年，封奉國將軍。十八年，卒。	弘謙　允祁第五子。乾隆五十年，襲貝
卒。無嗣。	永楞　弘亮第十一子。嘉慶十八年，襲奉恩將軍。道光十六年，卒。	永康　弘謙第一子。嘉慶十四年，封一
	綿城　永楞子。道光十六年，襲奉恩將軍。咸豐八年，緣事革退。	綿興　永康第一子。道光六年，封三等

子。嘉慶十四年，加貝勒品級。二十年，卒。

等奉國將軍。二十年，襲鎭國公。咸豐八年，卒。

輔國將軍。咸豐四年，卒。無嗣。

綿英

永康第二子。道光十八年，封一等輔國將軍。咸豐八年，襲不入八分輔國公。同

治四年，卒。無嗣。	綿慶 永康第三子。道光十八年，封三等輔國將軍。同治十一年，卒。無嗣。	綿亨 永康第四子。道
		奕光 綿亨第一子。咸
		載玢 奕光第一子。光
		溥裕 載玢第一子。光

光二十四年，封三等輔國將軍。咸豐七年，卒。		
豐七年，襲奉國將軍。光緒十七年，卒。	奕耀 綿亨第二子。同治七年，封奉國將軍。光緒三十一年，卒。	奕燾 綿亨第
緒十七年，襲奉恩將軍。三十三年，卒。	載全 奕耀第二子。光緒三十二年，襲奉恩將軍。	
緒三十三年，襲奉恩將軍。		

	綿達 永康第五子。道光二十四年，封三等輔國將軍。同治五年，卒。
三子。同治七年，封奉國將軍。光緒二年，卒。無嗣。	奕煊 綿達子。同治七年，襲奉國將軍。光緒二十一年，卒。
	載增 奕煊第二子。光緒二十一年，襲奉恩將軍。

	永緒 弘謙第三子。嘉慶二十一年，封
綿忠 永康第六子。道光二十四年，封三等輔國將軍。咸豐十年，卒。無嗣。	綿銘 永緒第一子。道光三年，襲奉恩

	弘霈 允祁第六子。乾隆六十年，封奉恩將軍。嘉慶十年，卒。	弘善 允祁第七子。乾
奉恩將軍。道光二年，卒。	永靠 弘霈第一子。嘉慶十年，襲奉恩將軍。道光十年，緣事革退。	永良 弘善第二子。道
將軍。咸豐二年，卒。無嗣。		

	允祕 聖祖第二十四
隆六十年，封奉恩將軍。嘉慶十四年，加輔國將軍品級。二十四年，晉輔國將軍。道光四年，卒。	弘暢 允祕第一子。乾
光五年，襲奉國將軍。二十三年，緣事革退。	永珠 弘暢第一子。乾

	子。雍正十一年，封誠親王。乾隆三十八年，薨。謚曰恪。
	隆二十一年，封不入八分輔國公。三十九年，襲誠郡王。六十年，薨。謚曰密。
永祥　弘暢第二子。乾隆四十九年，封	隆四十九年，封三等鎮國將軍。六十年，襲貝勒。道光二十六年，緣事革退。
綿傑　永祥第二子。道光六年，襲輔國	

三等鎮國將軍。道光六年，卒。	永芩 弘暢第三子。乾隆五十五年，封三等鎮國將軍。道光五年，緣事革退。
將軍。九年，卒。無嗣。	綿煥 永芩第一子。嘉慶十年，封輔國將軍。道光五年，緣事革退。尋封奉恩將軍。二十

永裕		
綿丹	綿屋　永芩第三子。道光四年，封輔國將軍。五年，緣事革退。尋恩封奉國將軍。六年，又革退。	一年，卒。無嗣。

	弘旿 允祕第二子。乾隆二十八年，封二等鎮國將軍。	
弘暢第四子。乾隆五十五年，封三等鎮國將軍。嘉慶五年，卒。	永松 弘旿第五子。嘉慶十六年，襲奉恩將軍。道光七	
永裕第一子。嘉慶五年，襲輔國將軍。二十五年，卒。無嗣。	綿勳 永松第二子。道光七年，襲奉恩將軍。二十六年，	
	奕均 綿勳第二子。同治七年，封鎮國將軍。十年，卒。	
	載信 奕均子。同治十一年，襲輔國將軍。光緒二十年，	
	溥霱 載信第一子。光緒二十八年，襲鎮國公。	溥霱

三十九年，晉貝子。四十三年，緣事革退。五十九年，封奉恩將軍。嘉慶四年，又革退。十四年，復封奉恩將軍。十六年，卒。

年，卒。十七年，追封貝子。

襲永珠之貝子。光緒十九年，卒。

襲鎮國公。二十六年，卒。

載信第二子。光緒二十九年，封輔國將軍。

溥霦 載信第三子。光緒二十九年，封輔國將軍。

溥霂 載信第

四子。光緒二十九年，封輔國將軍。

弘康 允祕第三子。乾隆三十五年，封二等鎮國將軍。嘉慶十四年，加不入八

永純 弘康第一子。嘉慶七年，封奉國將軍。十九年，襲輔國將軍。道光十一年，

承瑞

分輔國公品級。十九年，卒。

緣事革退。

弘超　允祕第四子。乾隆四十年，封三等輔國將軍。四十二年，緣事革退。

聖祖子。早薨。
承祜 聖祖子。早薨。
承慶 聖祖子。早薨。
賽音察渾 聖祖子。早薨。
長華 聖祖子。

早薨。	長生 聖祖子。早薨。	萬黼 聖祖子。早薨。	允禶 聖祖子。早薨。	允禑 聖祖子。早薨。	允禨 聖祖子。

早薨。

允禐

聖祖子。早薨。

清史稿卷一百六十五

表五

皇子世表五

世宗系

弘暉 世宗第一子。康熙四十三年，薨。雍正十三年，追

封親王。謚曰端。無嗣。	弘昀 世宗第二子。早薨。無嗣。	弘時 世宗第三子。早薨。無嗣。	弘晝 世宗第五子。雍正十一
			永璧 弘晝第二子。乾隆二十
			綿倫 永璧第一子。乾隆三十

年，封和親王。乾隆三十五年，薨。諡曰恭。	
一年，封不入八分輔國公。三十五年，襲和親王。三十七年，薨。諡曰勤。	
七年，襲和郡王。三十九年，薨。諡曰謹。	綿循 永璧第二子。乾隆四十年，襲和郡王。嘉慶二十二年，薨。諡曰恪。
	奕亨 綿循第三子。嘉慶七年，封輔國將軍。二十二年，襲貝勒。道光十二年，卒。
	載容 奕亨第四子。道光十二年，襲貝子。同治十一年，加貝勒銜。光緒七年，卒。
	溥廉 載容第一子。光緒三年，封二等鎮國將軍。七年，襲鎮國公。二十四年，卒。
	毓璋 溥廉第一子。光緒二十四年，襲鎮國公。

謚曰敏恪。

溥益 載容第二子。光緒三年，封三等輔國將軍。光緒三十三年，卒。	毓書 溥益第一子。光緒三十三年，襲奉國將軍。
溥綬 載容第三子。光緒三年，封二等輔國將	毓逖 溥綬第一子。光緒三十二年，襲奉國將

	載崇 奕亨第五子。道光三十年，封一等輔國將軍。光緒二年，卒。		
軍。三十二年，卒。	溥善 載崇第一子。光緒二年，襲奉國將軍。	溥良 載崇第二子。光緒十二年，封奉國將軍。	溥興
軍。			毓嵩

	奕聰 綿循第四子。嘉慶十年，封三等鎮國將軍。道光十六年，
	載嘉 奕聰第一子。道光十六年，襲三等輔國將軍。同治元年，
載崇第三子。光緒六年，封奉國將軍。三十三年，卒。	
溥興第二子。光緒三十三年，襲奉恩將軍。	

卒。	奕謹　綿循第六子。嘉慶十三年，封鎮國將軍。道光六年，卒。無嗣。	奕蕊　綿循第九子。道光元年，
緣事革退。		

		永瓀 弘晝第
	綿倬 永璧第五子。乾隆四十九年，封三等鎮國將軍。五十二年，卒。無嗣。	綿命 永瓀第
封奉國將軍。十九年，卒。		奕俊 綿命第

四子。乾隆二十二年，封二等鎮國將軍。嘉慶三年，卒。

二子。嘉慶四年，襲輔國將軍。道光十二年，卒。

一子。道光六年，封三等奉國將軍。十二年，晉襲二等。道光二十三年，卒。無嗣。

奕猛 綿命第二子。道光十六年，封三

等奉國將軍。咸豐九年，緣事革退。

綿傳

永璸第三子。乾隆五十五年，封一等奉國將軍。嘉慶六年，因病告退。道

	永煥　弘晝第六子。乾隆四十四年，封二等鎮國將軍。四十八年，卒。	
光十三年，卒。無嗣。	綿僧　永煥第一子。乾隆四十九年，襲輔國公。嘉慶十二年，卒。	
	奕交　綿僧第一子。嘉慶十二年，襲奉國將軍。咸豐九年，卒。無嗣。	奕烈　綿僧第二子。嘉
		載透　奕烈第三子。咸

慶十五年，封奉恩將軍。咸豐元年，卒。	奕璠 綿僧第三子。道光四年，封奉國將軍。二十五年，卒。
豐二年，襲奉恩將軍。同治元年，緣事革退。	載良 奕璠子。道光二十五年，襲奉恩將軍。光緒十五年，卒。無嗣。

永現　弘晝第七子。乾隆三十三年，封不入八分輔國公。嘉慶四年，緣事降奉恩將軍。尋晉二等奉國將軍。七年，復封	
綿仲　永現第一子。嘉慶八年，襲三等鎮國將軍。十九年，卒。	綿令　永現第二子。乾隆四十九年，封三等輔
奕順　綿仲第一子。嘉慶十九年，襲輔國將軍。道光二十一年，卒。	奕煌　綿令子。嘉慶二年，襲二等奉國將軍。三
載疇　奕順子。道光二十二年，襲奉國將軍。同治元年，緣事革退。	

	弘瞻 世宗第六子，嗣允禮後。乾隆三年，襲果親王。二十八年，緣事降貝勒。三十年，復	
不入八分輔國公。八年，卒。	永瑹 弘瞻第一子。乾隆三十年，襲果郡王。五十四年，薨。謚曰簡。	
國將軍。嘉慶二年，卒。	綿從 永瑹第一子。乾隆五十五年，襲貝勒。五十六年，卒。	
年，卒。無嗣。	奕湘 綿律第一子，綿從嗣子。道光十三年，襲鎮國公。同治十一年，加貝子銜。光緒七	
	載坤 奕湘第一子。咸豐七年，封輔國將軍。光緒二年，緣事革退。	載卓 奕湘第
		溥閎 載卓子。

封果郡王。尋薨。謚曰恭。	
	綿律　永瑹第一子，永瑹嗣子。乾隆五十六年，襲貝勒。嘉慶十一年，緣事革退。
年，卒。謚曰恪慎。	
三子。光緒七年，襲輔國公。三十三年，卒。	
光緒三十三年，襲輔國公。	

	弘昐 世宗第六子。早薨。	福宜
永瑓 弘曕第二子。乾隆四十年，封一等鎮國將軍。嘉慶五年，因病告退。		
綿徊 永瑓第二子。嘉慶十一年，襲貝子。道光十二年，卒。		
奕雯 綿徊第一子。道光十三年，封二等鎮國將軍。同治元年，卒。		
載品 奕雯第一子。同治元年，襲三等輔國將軍。光緒三十年，卒。		
溥棠 載品第一子。光緒三十一年，襲一等奉國將軍。		

	世宗第七子。早薨。
福惠	世宗第九子。雍正六年，薨。十三年，追封親王，諡曰懷。無嗣。
福沛	世宗第十子。早

薨。

高宗系

永璜 高宗第一子。乾隆十五年，薨。追封定親王，謚曰安。
綿德 永璜第一子。乾隆十五年，襲定親王。三十七年，降郡王。四十一年，緣事革爵。四十二年，
奕純 綿德子。乾隆四十四年，封三等輔國將軍。四十九年，晉鎭國公品級。五十一年，襲貝子。
載錫 奕純第一子。嘉慶四年，封三等鎭國將軍。十四年，晉不入八分輔國公。二十一年，襲貝
溥喜 載錫第二子。道光元年，襲鎭國公。十二年，緣事降不入八分輔國公。十八年，緣事革退。

封鎮國公。四十九年，晉貝子。五十一年，卒。

嘉慶二十一年，卒。

子。道光元年，卒。

溥吉　載錫第三子。道光八年，封三等鎮國將軍。十八年，襲輔國公。同治五年，卒。

載銘　奕純第三子。嘉慶二十

溥咸　載銘第三子。道光二十

毓厚　溥咸第一子。同治七年，

		綿恩
		奕紹
一年，封三等輔國將軍。道光二十年，卒。		載銓
三年，襲奉國將軍。同治五年，襲溥吉之不入八分輔國公。七年，卒。		溥煦
襲不入八分輔國公。光緒十六年，卒。	毓祥 溥咸族姪，溥和子。光緒十七年，襲毓厚之不入八分輔國公。	毓長
		恆圻

永璜第二子。乾隆四十一年，襲定郡王。五十八年，晉親王。道光二年，薨。謚曰恭。

綿恩第二子。嘉慶四年，封不入八分輔國公。七年，晉輔國公。八年，晉貝子。二十四年，晉貝勒。道光二年，襲定親王。十六

奕紹第一子。嘉慶二十一年，封二等輔國將軍。道光三年，晉二等鎮國將軍。十一年，晉不入八分鎮國公。十五年，晉輔

載銘第五子，載銓嗣子。咸豐四年，封輔國將軍。尋襲定郡王。光緒三十三年，薨。謚曰慎。

溥煦第一子。同治十一年，封鎮國將軍。光緒二十九年，卒。

毓朗　溥煦第二子。光緒十二年，封三等鎮國將軍。三

毓長第四子。光緒二十九年，襲輔國將軍。

年，薨。謚曰端。

國公。十六年，襲定郡王。咸豐三年，加親王銜。四年，薨。追封親王，謚曰敏。

十三年，襲貝勒。

毓盈

溥煦第四子。光緒二十九年，封鎮國將軍。

永璉

高宗第二子。乾隆三年，薨。追封皇太子，

謚曰端慧。

永璋 高宗第三子。乾隆二十五年，薨。追封循郡王。

綿懿 永理第二子，永璋嗣子。乾隆五十二年，襲貝勒。嘉慶九年，緣事降二等鎮國將軍。十年，封貝子。

奕緒 綿懿第一子。嘉慶四年，封輔國將軍品級。十四年，襲貝子。咸豐八年，卒。

載遷 奕緒第二子。咸豐八年，襲鎮國公。光緒二十五年，卒。

溥葵 載遷第一子。光緒二十三年，封輔國將軍。二十五年，襲輔國公。

溥荃 載遷第二子。光緒二十

十四年，卒。追封貝勒。

九年，封輔國將軍。

奕經 綿懿第二子。嘉慶二十一年，封二等輔國將軍。二十二年，緣事革退。

奕紀 綿懿第

永瑊　高宗第四子，嗣允裪後。	
綿惠　永瑊第一子。乾隆四十	
奕綸　綿懃子，綿惠嗣子。嘉慶	三子。嘉慶二十一年，封二等輔國將軍。道光十五年，晉二等鎮國將軍。二十年，緣事革退。
載錇　奕綸第六子。道光十八	
溥森　載錇子。道光二十七年，	
毓存　溥森第四子。光緒七年，	

乾隆二十八年，襲履郡王。四十二年，薨。謚曰端。嘉慶四年，追封履親王。

二年，襲貝勒。嘉慶元年，薨。六年，追封履郡王。

元年，襲貝子。十四年，晉貝勒。道光十五年，緣事降貝子。十六年，卒。追封貝勒。

年，封一等輔國將軍。二十七年，卒。

襲奉國將軍。光緒七年，卒。

襲奉恩將軍。尋卒。無嗣。

載鈖 奕綸第十子。道光十六年，襲貝子。咸豐三年，卒。

溥棌 載鋼第三子，載鈖嗣子。咸豐四年，襲鎮國公。光緒八年，卒。

毓昌 溥棌子。光緒八年，襲鎮國公。十年，卒。

載華

奕綸第十一子。道光二十二年，襲奕綺之貝子。同治四年，緣事革退歸宗。	

載鶴 奕綸第十二子。咸豐六年，封奉	
溥植 載鶴子。光緒十一年，襲毓昌之	

		永琪 高宗第五子。乾
		綿億 永琪第五子。乾
		奕繪 綿億第一子。嘉
恩將軍。光緒十年，卒。	載藹 奕綸第十三子。咸豐六年，封奉恩將軍。光緒二十七年，卒。	載鈞 奕繪第一子。道
鎮國公。	溥泉 載藹第一子。光緒二十八年，襲奉恩將軍。	溥楣 載鈞第一子，載

隆三十年，封榮親王。三十一年，薨。謚曰純。		
隆四十九年，封貝勒。嘉慶四年，晉榮郡王。二十年，薨。謚曰恪。		
慶二十年，襲貝勒。道光十八年，卒。		
光十八年，襲貝子。咸豐七年，卒。	載釗	奕繪第二子。道光二十四年，封一等輔國將軍。光緒七
鈞嗣子。咸豐七年，襲鎮國公。同治五年，緣事革退。	溥芸	載釗第三子。同治五年，襲鎮國公。光緒二十八年，卒。
	毓敏	溥芸第二子。光緒二十八年，襲鎮國公。宣統三年，卒。

年，卒。追封鎮國公。

載初 奕繪第四子。咸豐七年，封輔國將軍。同治元年，緣事革退。

溥莒 載釗第九子。光緒七年，襲奉國將軍。

永瑢	高宗第六子，嗣允禧後。乾隆二十四年，襲貝勒。三十七年，晉質郡王。五十四年，晉質親王。五十五年，薨。謚曰莊。
綿慶	永瑢第六子。乾隆五十五年，襲質郡王。嘉慶九年，薨。謚曰恪。
奕綺	綿慶子。嘉慶十四年，襲貝勒。道光十九年，緣事革爵。二十二年，卒。追復貝勒。
載鋼	奕綸第九子，奕綺嗣子。道光二十四年，封一等輔國將軍。同治四年，襲鎮國公。光緒七年，卒。
溥泰	載鋼第一子。同治七年，封一等輔國將軍。光緒八年，襲鎮國公。九年，緣事革退。
溥齡	載鋼第二子。同治十一
毓亭	溥齡第一子。光緒二十

年，封二等鎮國將軍。光緒九年，襲鎮國公。二十三年，卒。

三年，襲鎮國公。

溥霖

載鋼第四子。同治十一年，封一等輔國將軍。光緒十年，卒。無嗣。

溥量　載鋼第七子。光緒十四年，封輔國將軍。

永琮　高宗第七子。乾隆十二年，薨。謚曰悼敏阿哥。嘉慶四年，追封哲親王。

永璇 高宗第八子。乾隆四十四年，封儀郡王。嘉慶四年，晉儀親王。道光十二年，薨。謚曰慎。

綿志 永璇第一子。嘉慶四年，封不入八分輔國公。七年，晉貝子。十四年，晉貝勒。十八年，加郡王銜。二

奕績 綿志第三子。嘉慶十八年，卒。追封不入八分輔國公。無嗣。

奕絪 綿志第四子。道光十一

載桓 奕絪子。追封貝子。

溥頤 載桓子。

毓崐 溥頤子。光緒二十年，襲

十年，緣事革郡王銜。二十四年，復還加銜。二十五年，又革銜。道光三年，復還加銜。十二年，襲儀郡王。十四年，薨。謚曰順。

年，封輔國公。十四年，襲貝勒。光緒十年，加郡王銜。十九年，卒。	奕綵 綿志第五子，綿愍嗣子。道光十

貝子。二十七年，卒。贈貝勒銜。	毓岐 溥頤子。光緒二十八年，襲鎮國公。	

	永理	高宗第十一子。乾隆五十四年，封成親王。道光三年，薨。謚曰哲。
	綿懃	永理第一子。嘉慶四年，封不入八分輔國公。七年，晉貝勒。二十
七年，襲慶親王。二十二年，緣事革爵，仍回本支。	奕綬	綿懃第一子。嘉慶十七年，卒。十八年，追封不入八分輔國公。道
	載銳	奕綬第一子。嘉慶十八年，封鎮國將軍。二十五年，襲貝勒。道光
	溥莊	載銳第一子。咸豐七年，封三等鎮國將軍。九年，襲貝勒。十年，加
	毓橚	溥蓁子，溥莊嗣子。同治十一年，襲貝子。

四年，加郡王銜。二十五年，薨。追封成郡王。		
光三年，追封成郡王。		
三年，襲成郡王。咸豐九年，薨。謚曰恭。		
郡王銜。同治十一年，卒。	溥蘭　載銳第五子。咸豐七年，封三等鎮國將軍。光緒五年，卒。	溥蔚　載銳第五子。咸豐七年，
	毓杲　溥蘭第二子。光緒五年，襲三等輔國將軍。	

封三等奉國將軍。光緒二十七年，卒。無嗣。

溥蘊

載銳第六子。咸豐七年，封鎭國將軍。同治元年，緣事革退。

溥葆　載銳第十二子。同治七年，封三等鎮國將軍。光緒十五年，卒。	溥菊　載銳第十三子。同治十一年，封三等奉
毓振　溥葆第一子。光緒十六年，襲輔國將軍。二十五年，卒。無嗣。	

國將軍。光緒十年，卒。無嗣。

溥衡 載銳第十四子。同治十一年，封三等奉國將軍。光緒二十七年，卒。

毓樸 溥衡第一子。光緒二十八年，襲奉恩將軍。

奕縡　綿懃第九子。道光十八年，封奉	奕儒　綿懃第八子。道光九年，封一等輔國將軍。十六年，因病告退。無嗣。

恩將軍。同治二年，卒。無嗣。	奕綍　綿懃第十一子。道光二十四年，封一等輔國將軍。咸豐元年，因病告退。	
	載碠　奕綍第一子。咸豐四年，襲奉國將軍。光緒三十二年，卒。無嗣。	載碤　奕綍第

二子。同治七年，封三等奉國將軍。光緒二十年，卒。無嗣。

載硋　奕綍第三子。同治七年，封三等奉國將軍。光緒二十六

溥敬　載硋子。光緒二十八年，襲奉恩將軍。

年，卒。

綿聰
永理第三子。嘉慶四年，

奕繡
綿聰第二子。道光八年，

載碄
奕綍第四子。同治十一年，封三等奉國將軍。光緒二十四年，卒。無嗣。

封輔國將軍。道光三年，晉鎮國將軍。八年，卒。追封不入八分輔國公。	襲三等輔國將軍。同治二年，緣事革退。		
綿懫永瑆第七子。道光元年，封鎮國將軍。二	奕霨綿懫第二子。道光二十一年，襲二等輔	載山奕霨第一子。同治十三年，襲三等奉國	溥正載山子。宣統二年，襲奉國將軍。

十一年，卒。

國將軍。光緒二十三年，卒。

將軍。宣統元年，卒。

載峻 奕霱第五子。光緒十四年，封三等奉國將軍。二十五年，卒。無嗣。

載崑 奕霱第六子。光

溥柏 載崑子。光緒三

緒二十九年，封奉國將軍。三十二年，卒。	載岭　奕霱第八子。光緒三十二年，封奉國將軍。	載墉　奕霱第九子。光
十三年，襲奉恩將軍。		

永璂　高宗第十二子。乾隆四

綿偲　永瑆第四子，永璂嗣子。

奕縉　綿偲第一子。道光元年，

緒二十九年，封奉國將軍。

載岳　奕霱第十一子。光緒三十二年，封奉國將軍。

十一年，卒。嘉慶四年，追封貝勒。	
嘉慶四年，封一等鎮國將軍。六年，晉鎮國公。二十四年，晉貝子。道光十八年，晉貝勒。二十八年，卒。	
封三等鎮國將軍。二十九年，襲貝子。咸豐六年，卒。	奕繕 綿偲第三子。道光元年，封三等鎮國將軍。咸豐七年，襲
	載岐 奕霱第二子，奕繕嗣子。同治六年，襲不入八分鎮國公。

	永璟 高宗第十三子。	永璐 高宗第十四子。	永璘 高宗第十七子。乾隆五十四年，封貝勒。
			綿慜 永璘第三子。嘉慶七年，封輔國公。二十
鎮國公。同治五年，卒。			

嘉慶四年，晉慶郡王。二十五年，晉慶親王。尋薨。謚曰僖。	
四年，晉貝子。二十五年，襲慶郡王。道光十六年，薨。謚曰良。	綿悌　永璘第五子。道光十一年，封不入八分輔國公。
	奕勛　綿性第一子，綿悌嗣子。道光三十年，襲輔國將
	載振　奕勛第一子。光緒二十年，封二等鎮國將軍。二

十七年，晉不入八分鎮國公。二十二年，緣事降鎮國將軍。二十九年，卒。咸豐二年，追封貝子。

綿性

永璘第

軍。咸豐二年，封貝子。十年，晉貝勒。同治十一年，加郡王銜。光緒十年，晉慶郡王。二十年，晉慶親王。

十七年，加貝子銜。

載搜

奕劻第二子。光緒三十二年，封鎮國將軍。

六子。道光十三年，封鎮國將軍。十七年，晉不入八分輔國公。二十二年，緣事革退。

仁宗系

穆郡王

仁宗第一子，未命名。乾隆四十五年，薨。嘉慶二十五年，追封。	綿愷 仁宗第三子。嘉慶二十四年，封惇郡王。二十五
	奕纘 綿愷第一子。嘉慶二十五年，封不入八分輔國

年，晉惇親王。道光七年，緣事降郡王。八年，復封親王。十八年，又降郡王。尋薨。復還親王。謚曰恪。以宣宗第五子奕誴爲嗣。

公。道光元年，卒。追封貝勒。無嗣。

綿忻 仁宗第四子。嘉慶二十四年，封瑞親王。道光八年，薨。謚曰懷。

奕誌 綿忻子。道光八年，襲瑞郡王。三十年，薨。謚曰敏。

載洵 奕譞第六子，奕誌嗣子。光緒十三年，封不入八分輔國公。十五年，晉輔國公。十六年，晉鎮國公。二十八年，襲貝勤。三十四年，加郡王銜。

綿愉 仁宗第五子。嘉慶二十五年，封惠郡王。道光十九年，晉惠親王。同治三年，薨。諡曰端。

奕詢 綿愉第四子。咸豐十年，封不入八分輔國公。同治三年，晉鎮國公。十年，卒。

載澤 奕根第七子，奕詢嗣子。光緒三年，襲輔國公。二十年，晉鎮國公。三十四年，加貝子銜。

奕詳 綿愉第五子。咸豐十年，封不入八分輔國公。同治三年，晉鎮國公。尋襲惠郡王。十一年，加親王銜。光緒十二年，	載潤 奕詳第一子。光緒十二年，襲貝勒。

薨。謚曰敬。	奕謨 綿愉第六子。咸豐十年，封不入八分鎮國公。同治三年，晉鎮國公。十一年，加貝子銜。光緒十年，	載濟 奕詳第二子，奕謨嗣子。光緒十三年，封三等鎮國將軍。二十年，卒。	溥佶 載光第二子，載濟嗣子。光緒三十一年，襲鎮國公。

	晉貝子。十五年，加貝勒銜。三十一年，卒。

宣宗系

奕緯	宣宗第一子。嘉慶二十四年，封貝勒。道光十一年，薨。諡
載治	奕紀子，奕緯嗣子。咸豐四年，襲貝勒。十年，加郡王銜。光
溥倫	載治第四子。光緒七年，襲貝子。二十年，加貝勒銜。

奕綱　宣宗第

日隱志。三十年，追封郡王。

緒六年，卒。謚曰恭勤。

溥侗　載治第五子。光緒七年，封二等鎮國將軍。二十年，晉一等。三十四年，加不入八分輔國公銜。

二子。道光七年，薨。三十年，追封順郡王。諡曰和。無嗣。	奕繼 宣宗第三子。道光九年，薨。三十年，追封慧郡王。諡曰質。

無嗣。	奕誴 宣宗第五子。道光二十六年，嗣綿愷後，襲惇郡王。咸豐五年，降貝勒。六年，復封郡王。十年，晉惇親王。光
	載濂 奕誴第一子。同治元年，封二等鎮國將軍。尋晉不入八分鎮國公。十一年，晉輔國公。光緒十五年，襲貝

緒十五年，薨。諡曰勤。

勤，加郡王銜。二十六年，以罪革爵。

載漪 奕誴第二子，奕志嗣子。咸豐十年，襲貝勒。光緒十四年，加郡王銜。二十

溥僎 載漪第一子。光緒二十年，封一等鎮國將軍。

溥儁 載漪第二子。光

年，晉端郡王。二十六年，以罪革爵，發新疆永遠監禁。二十八年，命仍歸本支。	載瀾 奕誴第三子。同治十二
緖二十五年，立爲大阿哥。二十七年，因載漪獲罪，撤大阿哥名號，賞入八分公銜俸。	

年，封三等輔國將軍。光緒十年，晉二等鎭國將軍。十五年，晉不入八分輔國公。二十六年，以罪革爵，發新疆永遠監禁。

載瀛 奕誴第四子。光緒十五年，封二等鎮國將軍。二十年，加不入八分輔國公銜。二十八年，襲貝勒。	
載津 奕誴第	溥修 載濂子，

	奕訢 宣宗第六子。道光三十
五子。光緒十五年，封二等鎮國將軍。二十年，加不入八分輔國公銜。二十二年，卒。	載澂 奕訢第一子。咸豐十年，
載津嗣子。光緒二十二年，襲二等鎮國將軍。	溥偉 載瀅第一子，載澂嗣子。

	年，封恭親王。同治十三年，降郡王。尋復親王。光緒二十四年，薨。謚曰忠。以有功社稷，配享太廟。
載瀅	封輔國公。同治元年，晉貝勒。十二年，加郡王銜。十三年，革爵。尋復封貝勒，加郡王銜。光緒十一年，卒。謚曰果敏。
	光緒二十二年，封貝勒。二十四年，襲恭親王。

奕訢第二子，奕詥嗣子。同治三年，封不入八分鎮國公。七年，襲貝勒。光緒十五年，加郡王銜。二十六年，以罪革爵，仍歸

本支。	載濬 奕訢第三子。同治三年，封輔國公。五年，卒。無嗣。	載濙 奕訢第四子。光緒七年，封不入八分輔國公。十

	奕譞 宣宗第七子。道光三十年，封醇郡王。同治三年，加親王銜。十一年，晉醇親王。光緒十六年，薨。尊	
一年，卒。無嗣。	載洸 奕譞第四子。光緒七年，封輔國公。十年，卒。無嗣。	載灃 奕譞第五子。光緒十年，封不入八分輔

宣宗第	奕詥	爲皇帝本生考。謚曰賢。
奕譞第	載濤	國公。十五年，晉鎭國公。十六年，襲醇親王。三十四年，命爲監國攝政王。宣統三年，罷去監國攝政王。

八子。道光三十年，封鍾郡王。同治七年，薨。謚曰端。

七子，奕詥嗣子。光緒十六年，封二等鎮國將軍。晉不入八分輔國公。二十三年，嗣貝子奕謨後。二十八年，改嗣奕詥後，襲貝勒。

	奕譓　宣宗第九子。道光三十年，封孚郡王。同治十一年，加親王銜。光緒三年，薨。謚曰敬。	
三十四年，加郡王銜。	載沛　奕棟第六子，奕譓嗣子。光緒三年，襲貝勒。四年，卒。	載澍　奕瞻子，奕譓嗣子。光緒
	溥伒　載瀛子，奕譓嗣孫。光緒二十四年，封貝子。	

四年，襲貝勒。二十三年，緣事革爵。

文宗系

憫郡王	文宗第二子，未命名。早薨。咸豐十一年，追封。

清史稿卷一百六十六

表六

公主表（一）

屬	母	名	封	下嫁	生薨	額駙事略	附載
顯祖第一女	宣皇后生。			歲癸未八月，下嫁噶哈善哈斯虎。		噶哈善哈斯虎，伊爾根覺羅氏，附見常書傳。	太祖又以女弟下嫁揚書。揚書，郭絡羅氏，與常書合傳。主旋與揚書不睦。天命八年九月薨。雍正間，追贈和碩公主。太祖又以女弟和碩公主降額亦都，皆不見於玉牒。

太祖第一女	元妃佟佳氏生。	稱爲東果格格。	固倫公主。	歲戊子，下嫁何和禮。	歲戊寅二月生，順治九年七月薨，年七十五。	何和禮，棟鄂氏，有傳。	
太祖第二女	側妃伊爾根覺羅氏生。	稱爲嫩哲格格。	和碩公主。	天命初，下嫁達爾漢。	歲丁亥生，順治三年七月薨，年六十。	達爾漢，郭絡羅氏，附常書傳。	
太祖第三女	繼妃富察氏生。	莽古濟。		天聰三年，下嫁瑣木諾杜棱。	生年無考。天聰九年九月，以驕暴削格格號。十二月，以家奴訐	瑣木諾杜棱，博爾濟吉特氏，蒙古敖漢部長。尚主，賜號濟農。主罪誅，削號。順治元年卒。五年，追封郡王。	莽古濟以罪誅，玉牒不列。

					告與母兄莽古爾泰等謀逆，誅死。		
太祖第四女	庶妃嘉穆瑚覺羅氏生。	穆庫什。		歲戊申，下嫁布占泰。	歲乙未生。	布占泰，納拉氏，烏喇貝勒，有傳。	主適布占泰，爲所輕，射以鳴鏑。太祖討布占泰，以主歸。
太祖第五女	庶妃嘉穆瑚覺羅氏生。			歲戊申，下嫁達啓。	歲丁酉生，歲癸丑四月薨，年十七。	達啓，鈕祜祿氏，額亦都子，附見額亦都傳。	
太祖第六女	庶妃嘉穆瑚覺羅氏生。			歲癸丑，下嫁蘇納。	歲庚子生，順治三年九月薨，年四十七。	蘇納，葉赫納喇氏，附見阿什達爾漢傳。	

太祖第七女	庶妃伊爾根覺羅氏生。		鄉君品級。	天命四年十月，下嫁鄂札伊。	歲甲辰三月生，康熙二十四年四月薨，年八十二。	鄂札伊，納喇氏，牛彔章京世職。崇德六年四月，戰死。	
太祖第八女	側妃葉赫納喇氏生。		和碩公主。	天命十年正月，下嫁固爾布什。	歲壬子十二月生，順治三年二月薨，年三十五。	固爾布什，博爾濟吉特氏，附恩格德爾傳。	
太祖撫弟莊親王舒爾哈齊第四女			初封郡主，進和碩公主。	歲丁巳二月，下嫁恩格德爾。	歲庚寅六月生，順治六年四月薨，年六十。	恩格德爾，博爾濟吉特氏，有傳。	太祖尚有女：一下嫁吳爾古代。吳爾古代，哈達納喇氏，附見萬傳，玉牒不列，不知所自出。一下嫁圖爾格。

太宗第一女

繼妃烏喇納喇氏生。

固倫公主。

天聰七年正月，下嫁

天命六年三月生，順

班第，博爾濟吉特氏，敖漢部台吉，太祖壻

圖爾格，鈕祜祿氏，有傳。主與之不睦。崇德間離婚，命兄巴布泰、弟巴布海養贍。是必庶妃嘉穆瑚覺羅氏所生，玉牒亦不列。又太祖嘗言：「巴圖魯伊拉喀，朕以女妻之，乃不終效力，無端棄妻。恐後生變，故殺之。」此又一女也，玉牒亦不列。並附載於此。

				班第。	治十一年正月薨，年三十四。	瑣諾木杜棱弟之子也。崇德元年，進敖漢郡王。順治十三年，卒。	
太宗第二女	孝端文皇后生。	馬喀塔。	初封固倫公主。順治十三年，進固倫長公主。十六年，封永寧長公主。復改溫莊長公主。	天聰十年正月，下嫁額哲。	天命十年八月生，康熙二年三月薨，年三十九。	額哲，博爾濟吉特氏，察哈爾林丹汗子，號額爾孔果洛。尚主，封察哈爾親王。六年，卒。	額哲弟阿布鼐亦尚主，生子布爾尼。主薨後，布爾尼以叛誅，阿布鼐亦坐死。詔仍收葬主墳園。玉牒不列。
太宗第三女	孝端文皇后生。		初封固倫公主。順治十四年，進	崇德四年正月，下嫁奇塔特。	天聰二年七月生，康熙二十五	奇塔特，博爾濟吉特氏，孝莊文皇后兄子。崇德八年，賜固倫額	

	太宗第四女
	孝莊文皇后生。
	雅圖。
固倫長公主。十六年，封延慶長公主。復改靖端長公主。	初封固倫公主。順治十四年，進固倫長公主。十六年，封興平長公主。復改雍穆長公主。
	崇德六年正月，下嫁弼爾塔哈爾。
年五月薨，年五十九。	天聰三年正月生，康熙十七年閏三月薨，年五十。
駙儀仗。順治六年，封科爾沁郡王。八年，卒。	弼爾塔哈爾，博爾濟吉特氏，亦孝莊文皇后兄子。主既受聘，以弼爾塔哈爾父卓禮克圖親王吳克善有罪，太宗怒，欲絕其婚。吳克善入朝服罪，仍許弼爾塔哈爾尚主。崇德八年，賜固倫額

						駙儀仗。康熙五年，襲封親王。六年，卒。	
太宗第五女	孝莊文皇后生。	阿圖。	順治十四年，封固倫長公主。十六年，封和碩長公主。復改淑慧長公主。	順治五年二月，下嫁色布騰。	天聰六年二月生，康熙三十九年正月薨，年六十九。	色布騰，博爾濟吉特氏，初封輔國公。順治七年，進封巴林郡王。康熙十七年，卒。	主爲孝莊文皇后所愛，康熙十二年，孝莊文皇后有疾，聖祖使迎至京師。後屢入朝，三十一年，詔設護衞長史，視貝勒例。
太宗第六女	側妃札魯特博爾濟吉特氏生。		固倫公主。	順治元年十二月，下嫁夸札。	天聰七年十一月生，順治六年三月薨，年十七。	夸札，伊爾根覺羅氏，固山額眞、一等精奇尼哈番阿山子。順治六年主薨後，逾月卒。	
太宗第七	孝莊文皇		初號淑哲	下嫁鏗吉	天聰七年	鏗吉爾格，博爾濟吉	實錄言崇德六年二

女	后生。		公主。嗣封固倫公主。諡端獻。	爾格。	十一月生，順治五年二月薨，年十六。	特氏，內大臣、二等梅勒章京鄂齊爾桑子。	月，以主許字鄂齊爾桑子鏗吉爾格。順治二年正月，下嫁鄂齊爾桑子喇麻思。鄂齊爾桑傳言子喇麻喇尚主，授固倫額駙。玉牒但書鏗吉爾格。當是鏗吉爾格改名喇麻思，譯又作喇麻喇耳。
太宗第八女	孝端文皇后生。		初封固倫公主。順治十四年，封固倫長公主。十六年，	順治二年四月，下嫁巴雅斯護朗。	天聰八年閏八月生，康熙三十一年正月薨，年五十	巴雅斯護朗，博爾濟吉特氏，土謝圖親王巴達禮子。康熙十一年襲爵。是年卒。	

			封昌樂長公主。復改永安長公主，謚端貞。		九。	
太宗第九女	側妃札嚕特博爾濟吉特氏生。			順治五年九月，下嫁哈尚。	天聰九年九月生，順治九年三月薨，年十八。	哈尚，博爾濟吉特氏，尚主。順治八年，卒。
太宗第十女	庶妃納喇氏生。		縣君。	順治八年八月，下嫁輝塞。	天聰九年十月生，順治十八年八月薨，年二十九。	輝塞，瓜爾佳氏，固山額眞、一等公圖海子，附見圖海傳。
太宗第十	懿靖大貴		固倫公主。	順治四年	崇德元年	噶爾瑪索諾木，博爾

一女	妃阿霸垓博爾濟吉特氏生。		順治間，進固倫長公主。謚端順。	十二月，下嫁噶爾瑪索諾木。	三月生，順治七年七月薨，年十五。	濟吉特氏，阿霸垓部人。尙主，授一等精奇尼哈番。主薨後，以禮親王代善女妻焉。加少保兼太子太保。康熙三年，卒。
太宗第十二女	母氏闕。		鄉君品級。	順治八年八月，下嫁班第。	崇德二年三月生，康熙十七年十月薨，年四十二。	班第，博爾濟吉特氏，官頭等侍衞。康熙十年，授理藩院侍郎。三十年，遷理藩院尙書。三十九年卒。
太宗第十三女	庶妃納喇氏生。			順治九年二月，下嫁拉哈。	崇德三年七月生，順治十四年四月薨，年	拉哈，瓜爾佳氏，官梅勒額眞。

					二十。		
太宗第十四女	庶妃察哈爾奇壘氏生。		初封和碩公主。順治十四年，進和碩長公主。十六年，封建寧長公主。復改恪純長公主。	順治十年八月，下嫁吳應熊。	崇德六年十二月生，康熙四十三年十二月薨，年六十三。	吳應熊，三桂子。尚主，授三等精奇尼哈番，加少保兼太子太保。康熙初，進少傅兼太子太傅。十三年，三桂反。十四年，並其子世霖皆誅死。	主以夫被誅，聖祖常慰藉之。嘗有疾，手詔宣諭，謂主爲叛寇所累。久之乃薨。
太宗撫從兄克勤郡王岳託第一女			和碩公主。	天聰二年正月，下嫁曼珠習禮。	歲乙卯二月生，崇德二年七月薨，年二十三。	曼珠習禮，博爾濟吉特氏，科爾沁台吉。尚主，賜號達爾漢巴圖魯。崇德元年，封郡王。順治十六年，進封和	

	太宗撫從兄貝勒圖倫女
	號肫哲公公。
	和碩公主。
	天命十一年五月，下嫁奧巴。
	歲壬子七月生，順治五月薨，年三十七。
碩達爾漢親王。康熙四年，卒。	奧巴，博爾濟吉特氏，科爾沁台吉。尚主，賜土謝圖汗號。天聰六年，卒。
	主爲太祖從孫女，天命間撫育宮中。玉牒繫於太宗，行輩相當，今特從之。奧巴長子巴達禮亦尚主。巴達禮初授台吉，賜號土謝圖濟農，進親王。康熙十年卒。玉牒不列。太宗尚有女下嫁索爾哈。索爾哈，博爾濟吉特氏，額駙、三等總兵官恩格德爾子。其兄額爾克戴青授三

							等甲喇章京，以索爾哈襲。順治初卒。玉牒亦不列，不知所自出。附載於此。
世祖第一女	庶妃陳氏生。		未封。	順治九年三月生，十年十月殤。			
世祖第二女	庶妃楊氏生。		初封和碩公主。康熙間，進封恭愨長公主。	康熙六年二月，下嫁訥爾杜。	順治十年十二月生，康熙二十四年十月薨，年三十三。	訥爾杜，瓜爾佳氏，官領侍衛內大臣，加少傅。以從父太師、輔政大臣鼇拜得罪，坐奪官。尋復起。康熙十五年，加太子少師，卒。	
世祖第三女	庶妃巴氏生。		未封。		順治十年十二月生，		

					十五年三月殤。		
世祖第四女	庶妃烏蘇氏生。		未封。		順治十一年十二月生，十八年三月殤。		
世祖第五女	庶妃王氏生。		未封。		順治十一年十二月生，十七年十二月殤。		
世祖第六女	庶妃納喇氏生。		未封。		順治十一年十二月生，十八年二月殤。		
世祖撫兄			和碩公主。	順治十七	順治五年	尚之隆，平南親王可	

承澤親王碩塞第二女				年六月，下嫁尚之隆。	八月生，康熙三十年十一月薨，年四十四。	喜子，附可喜傳。
世祖撫從兄簡親王濟度第二女			初封和碩端敏公主。雍正元年，進封固倫端敏公主。	康熙九年九月，下嫁班第。	順治十年六月生，雍正七年五月薨，年七十七。	班第，博爾濟吉特氏，曼珠習禮孫。尚主，襲科爾沁達爾漢親王。康熙四十九年卒。
世祖撫從兄安郡王岳樂第二女			和碩柔嘉公主。	康熙二年十一月，下嫁耿聚忠。	順治九年五月生，十二年七月薨，年二十二。	耿聚忠，靖南王耿繼茂子，附其祖仲明傳。
聖祖第一	庶妃張氏		未封。		康熙七年	

女	生。				十一月生，十年十一月殤。		
聖祖第二女	端嬪董氏生。		未封。		康熙十年三月生，十二年二月殤。		
聖祖第三女	榮妃馬佳氏生。		初封和碩榮憲公主。四十八年，進封固倫榮憲公主。	康熙三十年六月，下嫁烏爾滾。	康熙十二年五月生，雍正六年四月薨，年五十六。	烏爾滾，博爾濟吉特氏，色布騰孫。尚主。康熙四十三年，襲巴林郡王。五十八年，命從征西陲。六十年，卒於軍。	烏爾滾，父鄂齊爾，淑慧長公主所出也。主下嫁之明年，命設護衛長史，視貝勒例。
聖祖第四女	庶妃張氏生。		未封。		康熙十三年二月生，		

	聖祖第五女	聖祖第六女
	貴人兆佳氏生。	貴人郭絡羅氏生。
	和碩端靜公主。	初封和碩公主。康熙四十五年，封和碩恪靖公主。雍正元年，進固倫恪靖公主。
	康熙三十一年十月，下嫁噶爾臧。	康熙三十六年十一月，下嫁敦多布多爾濟。
十七年十二月殤。	康熙十三年五月生，四十九年三月薨，年三十七。	康熙十八年五月生，雍正十三年三月薨，年五十七。
	噶爾臧，烏梁罕氏。尚主，襲喀喇沁杜棱郡王。康熙五十年，坐事奪爵。六十一年卒。	敦多布多爾濟，博爾濟吉特氏，襲喀爾喀郡王。尚主，進親王。四十一年，坐事降郡王。雍正元年，以軍功復進親王。八年卒。
	主下嫁之明年，命設護衞長史，視貝勒例。	

聖祖第七女	孝恭仁皇后生。		未封。		康熙二十一年六月生，八月殤。		
聖祖第八女	孝懿仁皇后生。		未封。		康熙二十二年六月生，閏八月殤。		
聖祖第九女	孝恭仁皇后生。		和碩溫憲公主。雍正元年，追進封固倫溫憲公主。	康熙三十九年九月，下嫁舜安顏。	康熙二十二年九月生，四十一年七月薨，年二十。	舜安顏，佟佳氏，佟國維孫。尚主，授額駙。康熙四十八年，以黨附皇八子允禩削額駙，禁錮，後釋之。雍正二年，命總理三陵事務，授領侍衛內大臣，卒。	
聖祖第十	通嬪納喇		和碩純慤	康熙四十	康熙二十	策棱，博爾濟吉特氏，	主葬京師郊外，策棱

女	氏生。		公主。雍正十年，追進封固倫純慤公主。	五年五月，下嫁策棱。	四年二月生，四十九年三月薨，年二十六。	有傳。	合葬。
聖祖第十一女	溫僖貴妃鈕祜祿氏生。		未封。		康熙二十四年九月生，二十五年五月殤。		
聖祖第十二女	孝恭仁皇后生。		未封。		康熙二十五年閏四月生，三十六年閏三月殤。		
聖祖第十三女	敬敏皇貴妃章佳氏		和碩溫恪公主。	康熙四十五年七月，	康熙二十六年十一	倉津，初名班第，博爾濟吉特氏，襲翁牛特	

	生。			下嫁倉津。	月生，四十八年六月薨，年二十三。	杜棱郡王。尚主。雍正五年，坐事奪爵。
聖祖第十四女	貴人袁氏生。		和碩慤靖公主。	康熙四十五年，下嫁孫承運。	康熙二十八年十二月生，乾隆元年十一月薨，年四十八。	孫承運，甘肅提督、一等阿思哈尼哈番思克子。襲爵，授散秩大臣。尚主。五十八年卒。
聖祖第十五女	敬敏皇貴妃章佳氏生。		和碩敦恪公主。	康熙四十七年十二月，下嫁多爾濟。	康熙三十年正月生，四十八年十二月薨，年十九。	多爾濟，博爾濟吉特氏，科爾沁台吉。尚主，授額駙。康熙五十八年，坐事削額駙，仍予台吉品級。五十九年，

						卒。	
聖祖第十六女	庶妃王氏生。		未封。		康熙三十四年十月生，四十六年十月殤。		
聖祖第十七女	庶妃劉氏生。		未封。		康熙三十七年十二月生，三十九年十一月殤。		
聖祖第十八女	惇怡皇貴妃瓜爾佳氏生。		未封。		康熙四十年十月生，尋殤。		
聖祖第十九女	襄嬪高氏生。		未封。		康熙四十二年二月		

					生，四十四年二月殤。		
聖祖第二十女	庶妃鈕祜祿氏生。		未封。		康熙四十七年十一月生，十二月殤。		
聖祖撫弟恭親王常寧第一女			初封和碩純禧公主。雍正元年，進封固倫純禧公主。	康熙二十九年三月，下嫁班第。	康熙十年十一月生，乾隆六年十二月薨，年七十一。	班第，博爾濟吉特氏，科爾沁台吉。尚主。累官內大臣、都統、前鋒統領。雍正四年，卒。乾隆十八年，追諡恭勤。	主下嫁後二年，命設護衛長史，視貝勒例。班第卒後，居京師。病篤，乃請還旗。
世宗第一女	懋嬪宋氏生。		未封。		康熙三十三年三月生，未逾月殤。		

世宗第二女	齊妃李氏生。		初封郡君。進郡主。雍正元年，追進封和碩懷恪公主。	康熙五十一年，下嫁星德。	康熙三十四年七月生，五十六年三月薨，年二十三。	星德，納喇氏。雍正十二年，命往達里剛愛操練蒙古兵。乾隆元年召還。四年，卒。
世宗第三女	懋嬪宋氏生。		未封。		康熙四十五年十二月生，未逾月殤。	
世宗第四女	敦肅皇貴妃年氏生。		未封。		康熙五十四年三月生，五十六年五月殤。	
世宗撫兄理親王允			和碩淑慎公主。	雍正四年十二月，下	康熙四十七年正月	觀音保，博爾濟吉特氏，科爾沁部人。官理

祁第六女				嫁觀音保。	生，乾隆四十九年九月薨，年七十七。	藩院額外侍郎。雍正十三年卒。
世宗撫弟怡親王允祥第四女			和碩和惠公主。	雍正七年十二月，下嫁多爾濟塞布騰。	康熙五十三年十月生，雍正九年十月薨，年十八。	多爾濟塞布騰，博爾濟吉特氏，喀爾喀親王丹津多爾濟子。尚主，封世子。以丹津多爾濟冒功，坐削爵。十三年，卒。
世宗撫弟莊親王允祿第一女			和碩端柔公主。	雍正八年十二月，下嫁齊默特多爾濟。	康熙五十三年二月生，乾隆十九年十二月薨，年四	齊默特多爾濟，博爾濟吉特氏，科爾沁郡王羅卜藏喇什子。尚主，襲爵。四十七年，卒。

					十一。	
高宗第一女	孝賢純皇后生。		未封。		雍正六年十月生，七年十二月殤。	
高宗第二女	哲憫皇貴妃富察氏生。		未封。		雍正九年四月生，十二月殤。	
高宗第三女	孝賢純皇后生。		固倫和敬公主。	乾隆十二年三月，下嫁色布騰巴爾珠爾。	雍正九年七月生，乾隆五十七年六月薨，年六十二。	色布騰巴爾珠爾，博爾濟吉特氏，世祖從女端敏公主額駙班第孫。封科爾沁輔國公。尚主。乾隆十七年，進襲親王。二十年，賜雙俸，增護衛。坐縱阿

	高宗第四女	高宗第五
	純惠皇貴妃蘇氏生。	皇后納喇
	和碩和嘉公主。	未封。
	乾隆二十五年正月，下嫁福隆安。	
	乾隆十年十二月生，三十二年九月薨，年二十三。	乾隆十八
睦爾撒納奪爵。二十三年，復以軍功封親王，授理藩院尚書、金川參贊大臣。被劾，復奪爵職，幽禁。三十八年，復額駙金川參贊大臣，授領侍衞內大臣。四十年，卒於軍，復親王，謚曰毅。	福隆安，富察氏，大學士一等忠勇公傅恆子，附傅恆傳。	

女	氏生。				年六月生，二十年四月殤。	
高宗第六女	忻貴妃戴氏生		未封。		乾隆二十年七月生，二十三年八月殤。	
高宗第七女	孝儀純皇后生。		固倫和靜公主。	乾隆三十五年七月，下嫁拉旺多爾濟。	乾隆二十一年七月生，四十年正月薨，年二十。	拉旺多爾濟，博爾濟吉特氏，額駙超勇親王策棱孫。封世子。尙主，襲爵。歷官領侍衛內大臣、都統，賜御用補服。嘉慶二十一年，卒。
高宗第八	忻貴妃戴		未封。		乾隆二十	

女	佳氏生。				二年十二月生，三十二年五月殤。		
高宗第九女	孝儀純皇后生。		和碩和恪公主。	乾隆三十七年八月，下嫁札蘭泰。	乾隆二十三年七月生，四十五年十一月薨，年二十三。	札蘭泰，烏雅氏，協辦大學士、一等武毅謀勇公兆惠子，附兆惠傳。	
高宗第十女	惇妃汪氏生。		固倫和孝公主。	乾隆五十四年十一月，下嫁豐紳殷德。	乾隆四十年正月生，道光三年九月薨，年四十九。	豐紳殷德，和珅子，附和珅傳。	主，高宗少女，素所鍾愛，未嫁，賜乘金頂轎。和珅得罪，籍沒。仁宗命留資爲主養贍。豐紳殷德再賜公爵品

							級，亦以主故推恩也。
高宗撫弟和親王弘晝女			和碩和婉公主。	乾隆十五年十二月，下嫁德勒克。	雍正十二年六月生，乾隆二十五年三月薨，年二十七。	德勒克，博爾濟吉特氏。尚主，襲巴林輔國公。乾隆四十八年，進貝子，授理藩院額外侍郎。五十九年，卒。	
仁宗第一女	簡嬪關佳氏生。		未封。		乾隆四十五年四月生，四十八年十一月殤。		
仁宗第二女	孝淑睿皇后生。		未封。		乾隆四十五年四月生，四十八		

					年八月殤。		
仁宗第三女	和裕皇貴妃劉氏生。		莊敬和碩公主。	嘉慶六年十一月，下嫁索特納木多布濟。	乾隆四十六年十二月生，嘉慶十六年三月薨，年三十一。	索特納木多布濟，博爾濟吉特氏，額駙科爾沁郡王齊默特多爾濟孫，襲爵。尚主，授御前大臣，賜紫韁。嘉慶二十五年受顧命。道光五年卒，進親王。無子，以從子僧格林沁爲後。	主葬王佐村。乾隆以上，公主封號皆繫於固倫、和碩之下。嘉慶中，改冠於上。道光二十四年，宣宗諭定先列封號，次別固倫、和碩，書法始定。
仁宗第四女	孝淑睿皇后生。		莊靜固倫公主。	嘉慶七年十一月，下嫁瑪尼巴達喇。	乾隆四十九年九月生，嘉慶十六年五月薨，年二十	瑪尼巴達喇，博爾濟吉特氏，襲土默特貝子。尚主，賜紫韁。歷官前鋒統領、都統、御前大臣，加郡王銜，賜四	主葬王佐村。

					八。	團龍補服。道光十一年，進貝勒。十二年，卒。	
仁宗第五女	遜嬪沈氏生。		追封慧安和碩公主。		乾隆五十一年十一月生，六十年五月殤。		主葬梁格莊。
仁宗第六女	華妃侯氏生。		未封。		乾隆五十四年六月生，五十五年五月殤。		
仁宗第七女	孝和睿皇后生。		未封。		乾隆五十八年六月生，六十年六月殤。		
仁宗第八	恭順皇貴		未封。		嘉慶十年		

女	妃鈕祜祿氏生。				二月生，十一月殤。		
仁宗第九女	恭順皇貴妃鈕祜祿氏生。		追封慧愍固倫公主。		嘉慶十六年正月生，二十年五月殤。		主葬梁格莊。
宣宗第一女	孝慎成皇后生。		追封端憫固倫公主。		嘉慶十八年七月生，二十四年十月殤。		主葬許家峪。
宣宗第二女	祥妃鈕祜祿氏生。		未封。		道光五年正月生，七月殤。		
宣宗第三女	孝全成皇后生。		追封端順固倫公主。		道光五年二月生，十		

					五年十一月殤。	
宣宗第四女	孝全成皇后生。		壽安固倫公主。	道光二十一年十月，下嫁德穆楚克札布。	道光六年四月生，咸豐十年閏三月薨，年三十五。	德穆楚克札布，博爾濟吉特氏，奈曼部台吉。尚主。襲奈曼部札薩克郡王。歷官御前大臣、都統，賜紫韁、黃韁、親王補服。同治四年卒，進親王。
宣宗第五女	祥妃鈕祜祿氏生。		壽臧和碩公主。	道光二十二年十一月，下嫁恩崇。	道光九年十月生，咸豐六年七月薨，年二十八。	恩崇初名恩醇，那木都魯氏。尚主。歷官副都統、內務府總管。同治三年卒。
宣宗第六	孝靜成皇		壽恩固倫	道光二十	道光十年	景壽，富察氏，將軍、一

女	后生。		公主。	五年四月，下嫁景壽。	十二月生，咸豐九年四月薨，年三十八。	等誠嘉毅勇公明瑞之裔，有傳。
宣宗第七女	彤貴妃舒穆嚕氏生。		未封。		道光二十年七月生，二十四年十二月殤。	
宣宗第八女	彤貴妃舒穆嚕氏生。		壽禧和碩公主。	同治二年十月，下嫁札拉豐阿。	道光二十一年十一月生，同治五年八月薨，年二十六。	札拉豐阿，初名瑞林，鈕祜祿氏，官御前侍衞。尚主。歷官副都統、護軍統領、都統、管神機營，賜紫韁、固倫額駙補服。光緒二十四年，卒。

宣宗第九女	莊順皇貴妃烏雅氏生。		初封壽莊和碩公主。光緒七年，進封壽莊固倫公主。	同治二年十一月，下嫁德徽。	道光二十二年二月生，光緒十年二月薨，年四十三。	德徽，博羅特氏，都統、一等誠勇公班第之裔。尚主，授散秩大臣。同治四年卒。
宣宗第十女	彤貴妃舒穆嚕氏生。		未封。		道光二十四年三月生，二十五年正月殤。	
文宗女	莊靜皇貴妃他他拉氏生。		榮安固倫公主。	同治十二年八月，下嫁符珍。	咸豐五年五月生，同治十三年十二月薨，年二十。	符珍，初名瑞煜，瓜爾佳氏，固山額眞、一等雄勇公圖賴之裔，襲爵。尚主。歷官散秩大臣、副都統、護軍統領、御前大臣、都統、內大

		文宗撫弟恭親王奕訢第一女
		榮壽固倫公主
		同治五年九月，下嫁志端。
		咸豐四年二月，生。
	臣，賜紫韁。宣統元年，卒。	志端，富察氏，都統、襲一等誠嘉毅勇公景壽子，一品廕生，尙主，賜雙眼花翎。同治十年，卒。

〔一〕按：關內本與關外一次本均有公主表序，關外二次本無。今附錄序文於後，以資參考。

天命八年六月戊辰，太祖御八角殿，集諸公主、郡主，訓之曰：「朕仰體天心，勸善懲惡，雖貝勒、大臣，有罪必治。汝曹苟犯吾法，詎可徇縱？朕擇賢而有功之人，以汝曹妻焉。汝曹當敬謹柔順，苟陵侮其夫，恣爲驕縱，惡莫大焉！法不汝容。譬如萬物依日光以生，汝曹亦依朕之光以安其生可也。」復語皇妹曰：「汝其以婦道訓諸女！有犯，朕必罪之。」越數日，又諭歸附蒙古諸貝勒曰：「有娶我諸女者，苟見陵侮，必以告。」太祖初起，諸女但號「格格」，公主、郡主，亦史臣緣飾云爾。厥後始定：中宮出者，爲「固倫公主」；自妃、嬪出者，及諸王女育宮中者，爲「和碩公主」。然開國初，有皇女僅得縣君、鄉君者。康熙以後，有妃、嬪若諸王女封固倫公主者，則恩澤有隆殺也。終清之世，爲主婿者，前有何和禮，後有策棱，賢而有功，斯爲最著。他若拉旺多爾濟，宮門殄逆，承祖澤；索特納木多爾濟，親臣受遺勳，集於其子：與國同休戚，稱肺腑之誼。餘則奉朝請，參宿衞，皆克由禮，而諸主亦皆循循孝謹，太祖之敎遠矣。後漢書以公主附后妃後，南齊檀超議爲帝女立傳，王儉駁之，乃寢。新唐書始用其例，明史仍之。而遼、元二史則改次爲表，詳略得中，今效爲之，主婿無傳者，附見其事蹟焉。

清史稿卷一百六十七

表七

外戚表

班書始立外戚恩澤侯表，遼、明二史因之。遼外戚不皆有封爵，然世選北府宰相預政事。明則揚、徐二王僅假虛號，自後皆封侯伯。嘉靖間，詔不得與汗馬餘勳並列。惟分封大邑，帶礪相承，未嘗區以別也。清初，太祖娶於葉赫，草昧干戈，制度未備。太宗、世祖娶於蒙古，追進崇封，外戚恩澤自此始。雍正八年，世宗詔定外戚爲承恩公。乾隆四十三年，高宗又詔后族承恩，與佐命功臣櫛風沐雨、拓土開疆者實難並論，俱改爲三等公。名既專屬，等復攸殊，裁抑制防，視明尤肅。用是終清世外家皆謹守法度，無預政事者，不可謂非詒謀之善也。明史用班氏例，兼及宦官、恩倖之得封者，尤清所未有。茲次第諸后族爲外戚表。凡以外戚封，及其家初有爵以外戚進者皆入焉。后族別以功封，仍列功臣世爵表。

一世	孝慈高皇后父揚吉努姓納喇氏。葉赫貝勒。	孝端文皇后父莽古
二世		
三世		
四世		
五世		
六世		
七世		
八世		
九世		
十世		
十一世		
十二世		

孝莊文皇后父	思姓博爾濟吉特氏。世居科爾沁左翼中旗。崇德二年六月庚寅，追封和碩福親王。
滿珠習禮宰桑子。	
和拖滿珠習禮長子。	
班第和拖長子。康熙	
羅布藏袞布	
色騰巴勒珠爾	

宰桑莽古思子。順治十一年五月壬辰，追贈和碩忠親王。

順治十六年五月乙巳，晉封科爾沁達爾汗巴圖魯親王。

康熙四年七月丙戌襲，停巴圖魯名號。

十年三月丁丑襲。

班第長子。康熙四十九年十一月乙未襲。

羅布藏袞布三子。乾隆十七年襲。二十年，有罪，黜。

色旺諾爾布 羅布藏袞布次子。乾隆二十年襲。

旺扎勒多爾濟 色旺諾爾布長子。乾隆三十九年襲。

丹曾旺布 旺扎勒多爾濟長子。嘉慶三年襲。

布彥溫都爾 丹曾旺布子。嘉慶十三年襲。

索特那木繃蘇克 布彥溫都爾子。道光十八年襲。

棍布旺濟勒 索特那木繃蘇克子。同治十三年二月

那木濟勒色楞 棍布旺濟勒子。光緒十年襲。

	孝惠章皇后父綽爾濟　滿珠習禮子，科爾沁鎮國公。康熙元年十月戊申，晉封貝勒。	
	鄂緝爾　綽爾濟長子。康熙九年十二月戊戌襲。	
	巴克什固爾　鄂緝爾長子。康熙二十一年三月乙亥襲。	
	阿喇布坦　巴克什固爾長子。康熙五十九年十二月丁未襲。	
	薩木丕勒扎木素　阿喇布坦四子。雍正十三年七月壬戌襲。	
	三音察袞　薩木丕勒扎木素嗣子。乾隆二十二年襲。	
	色楞多爾濟　三音察袞子。嘉慶七年八月壬子襲。	
	貢格拉布坦　色楞多爾濟子。道光三年十一月庚寅襲。	
	桑魯布多特賽　貢格拉布坦子。咸豐九年襲。	昂噶扣　桑魯布多特賽從弟。同治五年
		濟克登達克齋瓦　昂噶扣子。光緒
辛巳襲。		濟克登諾爾布林沁扎木蘇

	孝康章皇后父佟圖賴 隸滿洲鑲黃旗。官兵部尚書、都
	佟國綱 佟圖賴子。康熙六年八月，襲一等公。征厄魯特，歿於陣。
	鄂倫岱 佟國綱子。康熙二十九年十二月襲。雍正三年五月，有
二月乙未襲。	
十年襲。	
濟克登 達克齋瓦長子。光緒三十二年襲。	

統。康熙間，追封一等公，贈太師，諡勤襄。佟圖賴父佟養眞，官游擊世職，追封一等公，諡忠烈。

贈太師，諡忠勇。

罪爵黜。

夸岱 佟國綱子，鄂倫岱弟。雍正三年五月襲。

納穆圖 夸岱子。官都統。雍正八年九月襲。卒。諡榮靖。

嗣存 納穆圖子。官散秩大臣。乾隆三十二年襲。諡慤僖。

晉璽 嗣存子。乾隆三十四年襲。

書明阿 嗣存繼子。官杭州將軍。乾隆三十九年襲。四十三年改

裕誠 書明阿子。

克昌 裕誠子。

堃林 克昌子。

倚功 克昌從子。宣統三年十二月戊申襲。

	孝獻皇后父鄂碩　姓董鄂氏。隸滿洲正白旗。順治十四年十二月，晉封三等伯。	
	費揚古　鄂碩子。順治十五年二月襲。康熙三十六年七月，以戰功晉封一等公。卒。諡襄	
	陳泰　費揚古子。降襲一等侯。康熙四十年十二月，有罪爵黜。	圖把　陳泰弟。雍正十年五月
		圖桑阿　圖把子。乾隆十
爲三等公。卒。諡勤敏。		

	孝誠仁皇后父噶布拉姓赫舍里氏。隸滿洲正白旗。康熙十三年十二月，追封一等公，加太子	
壯。	長泰噶布拉子。康熙二十一年正月襲。有罪爵黜。	倫布長泰弟。雍正五年十月，襲一等公。有罪爵黜。
襲。		
年襲。		

少保。卒。諡恪僖。	**達爾瑪** 倫布叔。雍正九年襲。尋卒。	**法爾瑪** 達爾瑪兄。雍正九年十二月庚戌，襲一
		善保 法爾瑪從子。乾隆二十三年十二月庚子襲。有
		雙福 善保長子。嘉慶十二年十二月丙辰襲。
		祿豐 雙福子。道光十九年十二月己卯襲。
		和瑞 祿豐嗣子。咸豐八年十二月丁巳襲。
		玉山 和瑞子。光緒六年十二月辛亥襲。
		興安 玉山子。光緒十五年十二月戊子襲。

等公。	阿爾景阿　善保叔。乾隆二十九年九月甲申襲。四十三年改爲三等公。有罪爵黜。
罪爵黜。四十七年四月，復爵。	

孝昭仁皇后父遏必隆	姓鈕祜祿氏。隸滿洲鑲黃旗。額亦都第六子。官鑾儀衛掌衛事大臣，加少保。輔
法喀	遏必隆子。康熙六年八月襲一等公。二十五年，有罪爵黜。

政大臣，加太師。從征山東、湖廣有功，襲一等子，晉封一等公。卒。謚恪僖。

孝懿仁皇后父佟國維 佟圖賴	隆科多 佟國維子。康熙六十一年襲。有

孝恭仁皇后父衛武 姓烏雅氏。隸滿	子。官內大臣。康熙間，封一等公。卒。贈太師，謚端純。	
博啓 衛武子。雍正元年二月癸丑襲一等公。	慶復 隆科多弟。雍正五年六月襲。乾隆十二年，有罪停襲。	罪爵黜。
博永 博啓子。乾隆十九年四月癸未襲。		
希明 博永子。乾隆二十三年十二月甲申襲。		
志福 希明子。乾隆年襲。四十三年改爲三等		
吉祥保 志福子。嘉慶五年十二月乙丑		
增喜 吉祥保子。道光二十八年十二月庚辰		
瑞興 增喜子。咸豐五年十二月丙午襲。		
振陞 瑞興嗣子。		

洲正黃旗。官護軍參領。雍正元年二月癸丑，追封衛武祖額布根、父內大臣額森三代一等公。	孝敬憲皇后父
	五格 費揚古子。雍正
	德保 五格子。官都統。
承恩公。	
襲。	
襲。	

費揚古 姓納喇氏。隸滿洲正黃旗。官正一品步軍統領。雍正元年十二月戊子，追封一等侯。十三年十月辛卯，

十三年十月辛卯，襲一等公，世襲罔替。

乾隆十六年五月甲午襲。有罪爵黜。

德祿 五格第二子。乾隆十九年十二月戊寅襲。

嵩山 德祿孫。乾隆四十一年十二月癸丑襲。四十三年正月辛未，改爲三等

承恆 嵩山子。嘉慶十八年十二月丁未襲。

繼善 承恆嗣子。道光六年十二月甲子襲。

肇興 繼善子。同治二年十二月己丑襲。

麟徵 肇興子。光緒四年十二月壬辰襲。

珠爾杭阿 麟徵子。光緒十二年十二月丙子襲。

追晉一等公。費揚古祖透納巴圖魯、父布查克三代追封一等承恩公。

公。

孝聖憲皇后父凌柱姓鈕祜祿氏。隸

伊通阿凌柱子。乾隆十二年十二月戊

滿洲鑲黃旗。官四品典儀。雍正十三年十一月戊申，追封一等承恩公，諡良榮。祖額亦騰、父吳祿追封一等承恩公。

子襲。

伊松阿
淩柱次子。乾隆十八年十二月壬辰襲。

觀音保
伊松阿子。乾隆四十三年十二月丁亥，改襲三等承恩公。

富僧額
觀音保子。嘉慶六年十二月戊午襲。

盛福
富僧額子。嘉慶二十年十二月甲子襲。

明存
盛福子。咸豐十一年十二月庚午襲。

瑞興
明存子。同治九年十二月丁丑襲。

孝賢純皇后父李榮保 姓富察氏。隸滿洲鑲黃旗。官察哈爾總管。乾隆二年，追封一等承恩公，謚莊愨。	富文 李榮保子。乾隆十二年五月癸丑襲。	明瑞 富文子。乾隆十四年二月庚戌襲。二十四年三月，進一等承恩毅勇公。三十三年，改封一等誠嘉毅勇公。官將

軍、雲貴總督。征緬甸，戰死。謚果烈。

奎林 明瑞弟。乾隆三十三年正月辛卯襲。四十三年正月辛未，改爲三等承

		孝儀純皇后父清泰
	富玉　李榮保子。乾隆四十七年五月丁酉襲。	花沙布　清泰曾孫。嘉慶
恩武勇公。官成都將軍。卒。謚武毅。	明俊　富玉子。嘉慶四年十二月己亥襲。	安誠　花沙布子。道光八年十
	喜倫　明俊子。嘉慶十四年十二月丙申襲。	恩榮　安誠子。咸豐七年十二
	春福　喜倫嗣子。道光十七年十二月乙丑襲。	瑞山　恩榮子。
	志鈞　春福嗣子。光緒十二年十二月甲戌襲。	

姓魏佳氏。隸滿洲鑲黃旗。官內管領。嘉慶二年四月庚子，追封一等承恩公。清泰祖護軍校嗣興、父內務府大臣武士
四年四月庚子，晉封三等承恩公。
二月辛巳襲。
月辛酉襲。

宜追封三等承恩公。	孝淑睿皇后父和爾經額姓喜塔臘氏。隸滿洲正白旗。嘉慶元年二月甲	
	盛住和爾經額長子。嘉慶四年六月庚子，襲三等承恩公。有罪爵黜。	孟住盛住弟。
		智林孟住子。
		崇端智林嗣
		裕輝崇端子。
		熙俊裕輝嗣
		承禔熙俊嗣

孝和	睿皇	辰，追封三等承恩公。四年四月庚辰，追封和爾經額祖員外郎愛星阿、父拜唐阿常安三等承恩公。
和世	泰	嘉慶十年十二月癸巳襲。官廣州將軍。卒。謚敬愼。
崇恩	和世泰	道光四年十二月壬申襲。
維慶	崇恩長	子。道光十一年十二月壬辰襲。
信恪	維慶長	同治三年十二月辛巳襲。
官箴	信恪子。	子。光緒十三年十二月丙申襲。
		子。光緒二十七年十二月丙午襲。

后父恭阿拉　姓鈕祜祿氏。隸滿洲鑲黃旗。嘉慶四年四月丙午，晉封三等承恩公。官禮部尚書。卒。謚勤恪。父
恭阿拉子。嘉慶十八年三月癸巳襲。
子。道光三十年改襲一等承恩侯。
孫。同治元年十二月癸巳襲。官寧夏將軍。卒。謚恪勤。
子。光緒十四年十二月甲午襲。

恭保，官筆帖式。追封三等承恩公。	孝穆成皇后父布彥達賚姓鈕祜祿氏。隸滿洲鑲黃旗。官戶部尚
	熙敏布彥達賚子。道光元年九月乙丑襲。
	克興額熙敏嗣子。道光九年十二月丙子襲。
	恩慶克興額子。同治七年十二月乙未襲。
	英俊恩慶嗣子。光緒二十七年十二月戊申襲。

書。道光元年八月辛亥，追封三等承恩公。卒。謚恭勤。	孝慎成皇后父舒明阿 姓佟佳氏。隸滿洲鑲黃
	裕寬 舒明阿子。道光二年十月戊申，襲一等承恩侯。
	廣林 裕寬子。道光十六年三月甲辰襲。
	克勤 廣林子。咸豐一年十二月壬戌襲。
	偉功 克勤子。光緒十八年十二月壬寅襲。

旗。佟圖賴之後，已襲一等公。道光元年十月丁未，晉封舒明阿子裕寬一等承恩侯。舒明阿卒，諡勤敏。舒明阿祖都統

	納穆圖，父散秩大臣嗣存，並追謚，已見佟圖賴封爵。
孝全成皇后父頤齡　姓鈕祜祿氏。隸滿洲鑲黃旗。官	
胡圖哩　頤齡子。道光二十四年十二月庚戌襲。	
文壽　胡圖哩長子。道光三十年七月甲辰，改襲三等承恩公。	
慶麟　文壽嗣子。光緒十三年十二月戊戌襲。	

乾清門二等侍衛。道光十四年十月庚戌，追封一等承恩侯，謚榮僖。	孝靜成皇后父恩齡姓博爾濟吉特
	吉拉敏恩齡子。早卒。
	承蔭恩齡孫。

氏。隸滿洲正黃旗。道光三十年五月戊申，晉封一等子。咸豐間，加封一等承恩侯。官兵部左侍郎。追封恩齡曾祖刑部

員外郎峴山三等承恩公，諡簡勤；祖浙江烏鎮同知興德三等承恩公，諡榮僖；父刑部員外郎花良阿三等承恩公，諡

敦敏。	孝德顯皇后父富泰，姓薩克達氏。隸滿洲鑲黃旗。官太僕寺卿。道光三十年十一月戊辰，追封三等
	德懋　富泰嗣子。同治元年三月乙酉襲。
	鍾秀　德懋子。同治十一年十二月丁卯襲。
	璞玉　鍾秀嗣子。光緒三十一年甲戌襲。

承恩公，謚肅愼。同治元年八月戊辰，追封富泰祖刑部尚書明山三等承恩公，謚端愨；父兵部員外郎祺昌三等承恩

公，諡端和。	孝貞顯皇后父穆揚阿 姓鈕祜祿氏。隸滿洲鑲黃旗。官廣西右江道。同治元年八月戊
	廣科 穆揚阿子。咸豐十一年十二月辛未襲。官杭州將軍。卒。諡勤愨。
	恩壽 廣科子。光緒六年八月丁酉襲。
	榮泉 恩壽子。光緒三十年十二月辛酉襲。

辰，追封三等承恩公，諡榮敬。同日，追封穆揚阿祖陝西延綏鎮總兵官策普坦三等承恩公，諡端勤；父西寧辦事大臣														

福克精阿三等承恩公，謚端敏。	孝欽顯皇后父惠徵姓葉赫那拉氏。隸滿洲鑲黃旗。官安徽徽寧太池廣道。
	照祥惠徵長子。咸豐十一年十二月辛巳襲。官護軍統領。卒。謚恭愨。
	德善照祥子。光緒七年六月壬辰襲。

同治元年八月戊辰，追封三等承恩公，諡端恪。同日，追封惠徵祖戶部員外郎吉朗阿三等承恩公，諡端勤；父刑部員

外郎景瑞三等承恩公，謚莊勤。	孝哲毅皇后父崇綺，姓阿魯忒氏。原隸蒙古正藍旗，改隸滿洲鑲黃旗。同治
	葆初　崇綺子。官散秩大臣。光緒十六年十二月壬子襲。
	法亮　葆初嗣孫。光緒二十七年十二月甲辰襲。

四年一甲第一名進士。官吏部尚書。卒。諡文節。後追削。同治十一年六月丙辰，晉封三等承恩公。

孝定景皇后父

德恆

桂祥子。

桂祥 惠徵子。官都統。光緒十四年十月己亥，晉封三等承恩公。